LIFE WORK DESIGN

人生100年時代を味方につける
自分だけの仕事の見つけ方

岡本祥治
みらいワークス
代表取締役

プレジデント社

はじめに

突然ですが、皆さんに質問です。

「あなたは今、会社に雇用されて働いていますか?」
「今の会社は、何社目ですか?」
「これまで、会社以外で副業やボランティア活動をしたことがありますか?」

もし、現在あなたが、〝1社目〟の〝会社員〟で、かつ社外で副業やボランティアなどの活動を一切したことがないとしたら……、これから始める私の話に、どうか耳を傾けてください。このまま何も対策も取らなければ、あなたの5年後、10年後は、取り返しのつかない、極めてハイリスクなものになりかねません。

今、日本人の「働き方」「ライフスタイル」は大きく変わりつつあります。

今後は、「惰性で働き続けること」は、大きなリスクとなっていきます。
では、将来「ハイリスクな人生」に陥りかねないのは、どのような人でしょうか。
例えば、こんな傾向の人は要注意です。

●大学卒業後に入社した1社目で、定年まで勤めあげようとしていませんか？
●大企業のブランドを、妄信してはいませんか？
●正社員のほうが、フリーランスよりずっと安泰だと思ってはいませんか？
●転職や独立・起業は「ハイリスクすぎる」と、ただ眺めてはいませんか？

結論から申し上げます。**これからの時代、1社にだけ縛られていては、生き抜いていくのは難しいでしょう。**従来の日本型の働き方「大企業信仰・正社員信仰・新卒一括採用信仰・年功序列信仰・定年制信仰」は、今後ガラガラと音を立てて崩れていくはずです。まことしやかに「45歳定年説」まで飛び出す時代です。「人生100年時代」、しかも人口減少の時代には、私たちは80歳まで働き続ける覚悟も必要です。

そうなったとき、従来の働き方（働かせ方）は、持続可能でも、実現可能でも、理想形でもないことは、皆さんも十分察しているのではないでしょうか。

「80歳まで働く」スパンが、「長すぎる」と絶望するのか、それとも「長く働ける」と可能性を見出すのか、そこは個人の見解が分かれるところかもしれません。

ただ一つ確かなこととして言えるのは、**80歳まで働く以上は、「やりがいのある、好きな仕事を、ライフ・ワークバランスを見極めながら、自由に選び取れること」が大切**になってくるということです。5年、10年、20年くらいなら、「我慢してやり遂げる」「いやいや働く」「家族のために頑張る」も可能でしょうが、80歳までとなれば、ちょっと難しいですよね。100歳のゴールにたどり着く前に、いい加減、息切れがして倒れてしまいそうです。

そんな「人生100年時代」、これからのビジネスパーソンに求められるのは、**あなただけのオリジナルの仕事、「ライフワーク」を発見し、実践していく行動力**です。

「ライフワーク」とは、「夢や自分の好きなことを追い求めるための仕事」です。天職、生きがい、やりがい、自分の人生を賭けるに値する仕事、自己実現の仕事のことです。仮に「もっと稼げる仕事が他にあるよ」と言われても、「いや、自分はこれをやりたい、極めたいんだ」と胸を張って言える仕事、心から「やりたい！」と願う仕事のことを、私は「ライフワーク」と呼んでいます。

一方、日々の生活の糧や、家族の生活のために稼ぐ仕事が「ライスワーク」です。人生のための「ライフワーク」と、生活のための「ライスワーク」。この2つは、人生100年時代の両輪です。小説家や音楽家、ダンサーやカメラマンなどは「ライスワーク」としてお金も稼ぎつつ、「ライフワーク」に携わる充実を感じているでしょう。その喜びは、オフィスワーカーでも同じく、持つことができる感覚なのです。「夢を追い求めて生活費を稼げない人間」では困りますが、「夢も理想もない絶望の仕事人生」も、あまりに悲しすぎます。そのバランスは、今後、多くの人が自分の手でハンドリングしていくべきものでしょう。

「好き」という感情は、人間にとって力強いエネルギー源になります。

「ああ、今日も一日、生きるために稼がないと……」と暗い気持ちで、ベッドから這いずり出すような日々よりも、子どもの頃、大好きなゲームや工作、読書やスポーツに没頭したように、大人になった今も「さあ、今日はどんな面白い出会いや仕事が待っているかな」と心躍らせて一日をスタートしたくはありませんか？

では、そんな「ライフワーク」を見つけるにはどうすればいいのか。本書では、その方法を皆さんにしっかり伝えたいと考えています。

人生100年時代の強い味方「ライフワーク」を見つけよう

これを読まれているあなたが現在20代、30代、40代、50代だったとして、あっという間に60代、70代はやってきます。そうなったときに真っ先に直面するのは、「定年後の再雇用先がない！」という焦りでしょう。これは切実な問題です。

シニア層や定年退職者ともなると、ホワイトカラーの仕事で雇用されるのは難しくなり、その働き方は「業務委託」か「起業」、「フリーランス」に絞られていくはずです。たとえそれまでの人生がバリキャリのビジネスパーソンだったとしても、定年後も「安定した立場」や「再雇用」が用意されるなどと、楽観視しないほうが賢明です。なぜなら企業は明らかに、「終身雇用制度」を葬り去ろうとしているからです。社員の人生を丸ごと引き受けるような余裕や体力は、もはや日本企業には残されていません。ただ問題は、雇用される側が、いまだその認識を正しく持てていないことです。

そもそも大企業の〝出世争い〟は、およそ45歳までで大方は決まります。その現実を多くの人が認識しながら、なお「出世は望まなくても、欲さえ出さなければ定年まではいられるだろう」と希望的観測を抱き続けているのはなぜなのでしょうか。

しかも、さらなる問題は、その仕事にいったいどれほどの人が、真の愛着と情熱を傾けているのかという疑問です。

かつて日本では、一度就職したら最後、石にかじりついてでも定年まで勤めあげるのが賢明な選択でした。でも、その結果、どれほど多くの人が、「仕事のための仕事」、パフォーマンス発揮がそもそも求められていない「雇用のための仕事」、いわゆる「ブルシット・ジョブ（クソどうでもいい仕事）」に、人生の大切な時間を吸い取られてきたことでしょう。

きっとあなたも気づいているはずです。本来、自分が求めていた理想の働き方は、現在のそれとはちょっと違うものだったと。

本当は、「もっとこういう仕事がしたい」「あんな働き方をしてみたい」、そう思ってきたのではありませんか。「理想とする人生は他にある」「まだまだチャンスはあるはずだ」。しかし気づけば、ずるずると時ばかりが過ぎ、「この年になって転職しようなんて、愚かなことだ」「今さら未経験の世界には飛び出せない」「もう子どももいるし、無茶なことはできない」など、それらしい「できない理由」をつくり出してきてはいないでしょうか。

「ポータブルスキル」で会社依存型人間を卒業する

さて、ここまで危機感を煽るような調子で語ってきてしまいましたが、ご心配なきよう。これらのことを転じて見直してみると、実は明るい希望も見えてくるからです。

これまで働き手の「キャリアの空白」を異様に嫌ってきた企業に、昨今は変化が見えてきています。それは、**「起業」「転職」「独立」の経験を、むしろ好ましいものとして受け止め始めている**ことです。

繰り返しますが、多くの日本企業はもはや「終身雇用制度」を継続する気はないのです。私とて、皆さんの不安をむやみに煽りたいわけではありません。ですが、たとえあなたがたった1社に骨をうずめる覚悟でいても、企業のほうがいずれ、「外の世界で第二の人生を描きませんか」と、肩をトントン叩いてくる時期が訪れるはずです。

そうなる前に、どうか皆さんには**「今の会社を出ても働けるスキル」**を見出し、**身に付けてほしいのです。そう、「ポータブルスキル」**という名の、**生涯駆使できる武器を。**

「これが自分のスキルだ！」という武器は、企業に依存せずに自由に生きていくための足掛かりになります。

これからの時代は、一方的に企業に頼るのではなく、「個人」の力で人生を泳ぎ、「仕事」を獲得していくスキルとマインドが求められていきます。そのための具体的ノウハウも、本書では詳しく説明します。

これまでは組織が人材を選んできました。

これからは、一部の選ばれた人材だけが、組織に選ばれる時代です。

「この会社をクビになったら路頭に迷う」と悩みながらストレスフルに働く毎日より、**「いざとなったら、この会社を辞めても、どこでも食べていける」**という自信を持ちながら、毎日を過ごしていけるとしたら……、どのように感じるでしょうか？

社外に飛び出せばスキルは〝宝石〟になる

さて、申し遅れました、私は人材サービス事業会社「みらいワークス」を経営する岡本祥治です。私は大学卒業後、外資系大企業（総合コンサルティング会社のアクセンチュア）に就職→ベンチャー企業に転職→起業して会社を設立→副業で働く→フリーランスとして独立→経営者という経歴を持っています。多様な働き方を体験してきたからこそ、私は、日本独自の「働き方」の問題点について、考え抜いてきました。

起業する前には、日本全国津々浦々を巡り、地方経済の実情や課題点もつぶさに見てきました。日本の地方都市の衰退や過疎化は長らく問題になっていますが、その一方で、「地方に帰りたい」「地方に住みたい」と望む人々も一定数います。私は、「高度人材」を、必要とする「地方」「企業」に解き放つことさえできれば、膠着《こうちゃく》した現状も打開できるのではないかと感じています。

本書を読んでいる人の中には、現在の仕事に、やる気や熱意を失っている人もいるかもしれません。さらには、「自分の仕事（実力）など大したことない」「会社からも評価されていない」と感じている人もいるのではないでしょうか。

でも、「ある企業から『不要』とみなされた能力・スキル・経験も、**場所を変えれば『喉から手が出るほど欲しい』能力・スキル・経験になりえる**」というのが、私が人材マッチングの事業を通じて、得た実感です。

すなわち、今まであなたが身に付けてきたスキルは、実は、見つけて磨きさえすれば、光り輝くことのできるポテンシャルを秘めている「原石」なのです。

どうかあなたの持つ技術・発想・ノウハウを1社のみで埋没させるのではなく、複数の企業・組織・土地に伝えていってください。**「取るに足らないスキル」と思い込んできた「ただの石」が、ところ変われば「宝石」に転じる可能性は大いにある**のです。

ライフステージに応じた「合理的な働き方」を選ぶ

「人生100年時代」の働き方は、たった1つだけではないはずです。

「本業ではできない世界を、副業で味わい、学ぶ」「フリーランスとして働く」「業務委託で働いてみて、気に入ったら正社員になる」「地方でUターン就職をする」「都心に住みながら、副業で地方の中小企業のマネジメントをする」「自ら起業する」

日本人の「働き方」はもっと自由で、ワクワクするものであっていいはずです。人は生きていくうえで、様々なライフステージを経験します。子育てや介護、留学や移住など、人生の大きな過渡期が訪れた際も、「働き方」さえ自由に選べれば、私たちの人生はもっと自由に、もっと豊かになっていくはずなのです。

本書では、実際に「転職して」「副業として」「フリーランスで」「起業家として」を経験した方々の体験談を交えながら、「未来の働き方」のヒントを説明していきます。「企業勤め」＝「働き方の王道」とみなされている現状を打ち破り、それぞれの**ライフステージに応じて、「独立・起業・副業・兼業・フリーランス」などの選択肢から、柔軟に最適なキャリアを選べる**ようにする――。

これからは私たち自身が、自らの理想とする働き方、生き方を自由にデザインしていく時代です。そのための第一歩を、いざ踏み出しましょう。

『LIFE WORK DESIGN――人生100年時代を味方につける自分だけの仕事の見つけ方』目次

第1章　自分だけのライフワークをつくろう

第2章 会社に依存するキャリアの危険性

第3章 フリーランス時代の到来

第4章

ポータブルスキルを見出す

第5章 ライフワークを見つけるために

第1章 自分だけのライフワークをつくろう

人生を会社に縛られていないか？

「新卒で入社した会社で、定年まで勤めあげる」
「定年後は、夢の引退生活を送る」
「老後は、そこそこ豊かな年金生活が待っている」

こんな当たり前だった日本人の「働き方」は、もはや、存在しません。

「45歳を過ぎたら早期退職をほのめかされる」
「70歳以降も働かないと、貧乏生活が待っている」
「出世コースを外れる人間は、定年まで会社に残れない」

ちょっとにわかには想像しがたい（したくない）でしょうが、残念ながらこれは空想上の世界の話ではありません。私たち日本人を待ち受ける、極めて現実に近い未来予想図です。

昭和の「働き方」や「雇用」は、もはや持続可能ではなくなりました。日本企業の多くが日本型「終身雇用制度」から、欧米型「ジョブ型雇用」へと舵を切り始めています。昔は企業が社員とその家族の生活を保障してきましたが、もはや社員全員の面倒を見ることは不可能になってきています。

しかも現代は「人生100年」と呼ばれる時代です。伸びた寿命分の生活費を賄い、QOL（Quality of Life）を維持するのは、容易ではありません。

「老後の資金2000万円」問題が耳目を騒がせたのはつい数年前のことですが、この問題はいまだ根本的な解決を見ていません。私たちは「人生100年時代」のライフマネーを、自らの手で稼ぎ続けなくてはならないのです。

そのような時代ですから、現在20〜40代の会社員には、「一生のうちに何度も転職をする」「働きながらリスキリングを重ねて、新領域にチャレンジしていく」努力が、求められていくことでしょう。

いつの間にか「よそでは通用しない人材」に

皆さんは、「たそがれ研修」という言葉をご存じですか。企業が40～50歳代の自社の社員たちに、セカンドキャリアを考えてもらうために用意する様々なプログラムや研修のことです。もともとは銀行など金融業界から広まった概念のようですが、今や多くの企業で「たそがれ研修」は行われています。もちろん、ここまでダイレクトには表現していません。「セカンドキャリア研修」などと立派な名称が付いています。

ただし、「セカンドキャリア」なんて聞くと、響きはいいですが、要するに「うちの会社を辞めて、別のところで生きていく準備をしてもらう」ための研修です。正直、あまり気持ちのいいものではありませんよね。

ただ、私自身はこうした取り組みをむしろ好ましいことだと考えています。

たしかに研修を受ける側にしてみれば、これまでは「会社に尽くせ」と言われてきたのに、いきなり掌返しをされたかのようなショックを受けるかもしれません。

でも、別の見方をすれば、この年代の人はまだ**外の世界で通用しうるポテンシャル**

を秘めているとも言えるのです。仮に今の会社ではパフォーマンスを発揮できない状態になっていたとしても、他の会社や組織ではその限りではありません。

そう考えると、多くの人にとって、「45歳でたそがれ研修」は、「65歳で就職先を探す」よりも、はるかに希望溢れる活動ではないでしょうか。

「そんな非情な首切りを考えている企業なんて、一部の特殊な企業だけだろう」

「なんだかんだ言って実直に働いて、分不相応の出世さえ求めなければ、定年まで働き続けられるはずだ」

ここまでお読みになった人から、そんな声も聞こえてきそうです。そのお気持ちも理解できます。

しかし、残念ながら事実はそうではありません。

私が経営する会社「みらいワークス」では、フリーランスの高度人材や副業人材を企業にマッチングする仕事をしています。同時に、企業から依頼を受け、現役社員のリスキリングやセカンドキャリアアップを目指すセミナーやプログラムも行っています。

その関係で主に大企業を中心に年間100社ほどに営業を行い、「セカンドキャリアの開発支援ソリューション」を提案していますが、ヒシヒシと感じるのは**「これほどまでに企業は中高年社員を手放したがっているのか……」**という現実です。

実際、2022年も100社程度の企業に営業したところ、「当社にはそんな提案は不要です」と断られたのは数社だけでした。

つまり、それ以外の90％近くの企業は、「戦力にならない中高年社員は、外の世界を見てもらい、他に稼げる場所を見つけてほしい」と、切に願っているということです（主に人事部と経営者層……）。表立って言わないだけで、本音では、「辞めてもらって構わない」と考えているということです。

さて、こうした企業を「身勝手な経営陣だ」、「搾取するだけして、捨てるのか」と、一方的に非難できるでしょうか。

私はそうは思いません。むしろこれまでの日本式の働き方（働かせ方）のほうが、よほど見直すべき点が多くあったのではないかと感じています。

生涯を1社だけに捧げるリスク

転職すれば、また一から新しい文化・常識・仕事のやり方を身に付けなくてはなりません。しかし、1社でのみ働き続けることのリスクを考えてみてください。ある会社に40年勤めたとしても、蓄積されるのは、その会社でのみ通用する常識や文化、仕事のやり方が多いです。

つまり、たった1社に骨をうずめることが前提の終身雇用制度は、**「よそでは通用しない人材」**を大量生産することに他ならないのです。

そもそも日本人の職業観は、「就職」ではなく「就社」の傾向が強いのです。職業そのものより、どの「会社」に選ばれるかがもっとも大切なポイントであり、選ばれた会社が名の通った大手であればあるほど、「勝ち組」として社会に持てはやされます。就社した以上は、その安定を手放さないために必死で働き続けますし（時には社畜と呼ばれようとも……）、会社もそんな社員を定年まで囲い込むのが普通でした。

だからこそ日本企業は何の色もついていない新入社員を好み、中途採用を嫌ってきたのです。社員も自分が「よそでは通用しない人材」であることを長いキャリアの中でだんだん察知してしまうからこそ、「この会社をクビになったら路頭に迷う！」と恐怖心を抱き、ますます企業にしがみつく状態が続いてきたのです。

でも、もうこんなことはやめにしましょう。

いったいどれだけの優秀で可能性に溢れた人たちが、そんな旧式な考えにとらわれ、企業で飼い殺し状態になってきたことか。

その弊害は、日本経済の停滞、日本の競争力低下にも如実に表れています。

もちろん、こうした日本式の新卒一括採用・終身雇用制度・年功序列文化も、高度経済成長期には十分メリットがありました。ライン製造で均一化した製品を大量生産し、それを大量消費する大衆……という消費社会構造下では、「平均化した労働力（消費者）」が求められていたのです。

しかし、今は「VUCA（先行きが不透明で、予測できない）」の時代です。社会は、より独創的なアイデアを生み出し、激変する環境に変化・対応できる人材を求めています。短期間にヒット商品や社会の価値観、科学技術がクルクルと変化する時代では、毎年顔ぶれの変わらない部署よりも、「必要な時に、必要な能力・リソースを調達する」仕組みこそが求められます。要するに、もはや「その会社でしか通用しないスキル」は、価値がないのです。

あなたの人生は「20代の若かりし自分」に決められている

日本の〝就社〟システムは、「分別も何もついていない」ひよっこ時代に、自分の残りの人生すべてを賭けるギャンブルをしているようなものなのです。

そもそも新卒の22歳の若者が〝就社〟の際に発揮した価値観や審美眼は、本当に正しかったと言えるのでしょうか。服や音楽の趣味、交友関係や読む本など、学生時代に比べて、随分と自分の「選択」も変化してきていませんか。多くの人は（私もそうですが）、20代前半でやらかしたアレコレを自嘲気味に思い返すはずです。

「あんな恥ずかしいこと、なんでしたのかな？」

「まぁ、あの頃は若くて、分別も何もついていなかったからな……」と。

それなのになぜ、22歳当時の〝就社〟の判断が正解だったと胸を張って言えるのでしょうか。若気の至り、企業名やブランド力だけで選んでしまった、先入観やプライドで目が曇っていた……、そんな人も少なくないはずです。

22歳から仮に70歳まで働くとして、その期間は**約48年間**にも及びます。つまり約半世紀。その間、自分の価値観がまったく変化せず、成長もしないということはありえません。20代、30代と年を重ねれば、結婚をし、家庭を持つかもしれません。親の介護も始まるかもしれません。働いているうちに価値観が変化したり、この部分をもっと学びたいと大学院に進んだり、留学への夢も出てきたりするかもしれません。

ライフステージが変われば、価値観や優先順位も当然変化するはずなのに、なぜか「仕事」だけは、生涯変化しない前提で私たちは生きています。

さらに言えば、半世紀も経てば、多くの企業の役割や立場も激変します。1989年のバブル期には、世界の時価総額ランキング10位中、7社を占めていた日本企業も、22年現在はみごとにゼロの状態です。

30年前の「イケてる企業」が、30年後にはこの世から消滅していることなどザラな世界で、いつまでも右肩上がりで成長し続けられる企業などは稀有です。
「生涯を通じてたった1社に身を捧げる」ことのリスクは、この事実だけ見ても、十分に分かるかと思います。

「22歳の若かりし自分に、人生の大半を決断させた」状態を、このまま放っておいていいのでしょうか。

「1年後、まだ今の仕事をしていたいか？」

さて、「20歳そこそこの自分に、人生を決めさせてしまっていいのですか」という疑問を投げかけました。自分の年齢とともに、思考も価値観も働き方もアップデートしていくべきなのに、その更新を怠り、惰性で働き続けていったツケは、65歳の定年時に確実に表れます。再就職したくても、「やりたい仕事」も「できる仕事」も皆無な事実に、定年と同時に気づき愕然とする事態は、なんとしても避けたいものです。

では、その「アップデート」はどのようにして行えばいいのでしょうか。

初めの一歩は、自らに問いかけることです。

「1年後、私はまだ今の仕事をしていたいか？」と。

迷うことなく「YES！」という答えが出たら、おめでとうございます！　素晴らしい環境であなたは仕事をできていますね。

しかし、もしそうではなかったら……。

返事に詰まり、考え込むようならば要注意です。

もちろん短期的には、モチベーションが低下する時期はあるものです。「たまたまこの時期は寝る間もないほど忙しい」「このプロジェクトはあまり乗り気がしない」などの浮き沈みは、誰にでもあることでしょう。

でも、そうした短期的なモチベーション低下の問題ではなく、半年間、一年間と気分が沈んでいる、なんだか最近新しい仕事をしていない、「この仕事を来年もやりたい！」と明確に言えない状態にあるならば、次のステップに進む時期に来ているのかもしれません。

「キャリア」には、成長期と停滞期があります。

キャリアの成長期とは、「自分が成長する時期（インプット・フェーズ）」、もしくは「成果を出す時期（アウトプット・フェーズ）」のどちらかを指します。

入社したての頃は、さしたる成果は出せず、ひたすら学んでいく期間が続くでしょう。しかし、ある程度仕事に慣れてきたら、今度は学んだ成果を発揮するターンがやってきます。この2つが絡み合い上昇していくとき、人は「成長」していくのです。

「ほどほどに働き続けられればいい」は幻想

しかし、「キャリアの停滞期」にある人は、このどちらでもない状態に陥っています。成長もしないし、成果も出していない。1年前と比べてより大きな仕事や責任を任されることなく、同じ仕事ばかりをやり続けている人……。手順は覚えてミスもしない代わりに、新しい仕事へのドキドキもワクワクもない。

そういう人は、「今とりあえず仕事がある」状況に安心しないでください。停滞期の1年が2年になり、2年が5年になり、気づけば同期は出世して、後輩が自分と同じ立場になっていくことに、どうか危機感を抱いてほしいのです。

繰り返しますが、「出世は望まず、ほどほどに働き続けられればいい」という淡い希望は抱かないでください。そうした〝要らない人〟を、企業が定年まで雇い続ける保証は、もうどこにもないのです。数年後、あなたには「たそがれ研修」の席が用意されているかもしれませんよ。

さらに私の持論ですが、「企業の成長」と、「個人の成長」が一致し続けることも、ほぼありません。個人の成長がフルスピードになると、会社が成長していかない状態に、やりがいのなさを感じてしまうものです。反対に、会社が急成長している時期には、働く個人の成長が追いつかず、会社はより戦力となる人材を外に求めるはずです。創業時は学生同士の仲間で盛り上がっていたベンチャー企業が、急成長フェーズではメンバーをほとんど総入れ替えするような事態もよく起こります。

これはある意味仕方のないことですし、どちらが悪いわけでも、正しいわけでもありません。「このフェーズならば活躍できる人」でも、「次のフェーズでは能力を発揮できない」事態は十分起こりえるからです。

だからこそ、仮にあなたが会社から〝要らない人〟とみなされ、「たそがれ研修」

を打診されても、それほど落ち込む必要はありません。それは企業が、「現在のフェーズ（あるいは次のフェーズ）では、この人は能力を発揮できないだろう」と思っただけのことであり、決して「その人が無能だから」とか「どこでも使い道のない人材だから」ではないのです。

生涯働き続けられるスキルが必要な時代

突然ですが、あなたは今、何歳ですか？

生涯で何歳まで働き、定年後にどのような第二の人生の計画を立てていますか？

私は今40代半ばですが、大学卒業後の就職時には、正直〝老後〟など、はるか遠い先のこととしてリアルに想像もしていませんでした。「いずれ、定年も老後も来る。だけどその頃には、ちゃんと年金も退職金ももらえるし、普通に人生を全うできるだろう」と無意識に思っていたのかもしれません。

しかし今、皆さんも、第二の人生をたっぷり楽しむ夢の引退生活が実現可能ではないことに、薄々気づかれているのではないでしょうか。

そんな時代に、私たちができることは何でしょう？

延びた寿命分、かかる費用を賄うために、効率的な資産運用を早めに開始することはもちろんですが、それ以上に大事なのは、**生涯働き続けられるスキルを身に付けること**です。このどちらか、あるいはその両方を同時に進めることが一番のお勧めです。

もっとも今の60代、70代は、昔と比べて若々しく、「まだまだ現役で働きたい」人も多くいらっしゃるでしょう。そういう人にとっては、むしろ「老後も働く」前提の社会は、ウェルカムなのではないでしょうか。

ただし、ここで一つ、大きな壁が立ちはだかります。

それは「70歳を過ぎた人を雇用してくれる会社は、ホワイトカラーの仕事では非常に少ないだろう」という大問題です。

「定年退職してしばらくは悠々自適な生活を送っていたけれど、そろそろ飽きてきたから、再就職口でも探すか」と、求人情報をくまなく探しても、就きたい職が見つからない。どこの職場も年齢制限を設けており、65歳過ぎて見つかるのはビルの清掃やマンションの管理人といったものだけ……という話も聞きます。

もちろんどれも大切な仕事です。会社員を退職した後、マンションの管理人として第二の仕事を持ち、「若い世代や子どもたちと接する毎日が楽しいよ」と顔をほころばせる人もいます。

けれど、「俺は部長まで勤めあげたんだ。定年退職後もオフィスワーカーとして、培ったスキルを活かしたい！」という場合は、どうすればいいのでしょうか。

企業の本音は「高齢者を雇い続けたくない」

現在、日本企業の94・4％は、定年制を設けていますが、問題はその年齢です。厚生労働省の「就労条件総合調査」によると、2017年時点で定年を「65歳以上」に定めている企業はわずか17・8％でした。しかし、5年後の2022年には24・5％にまで上昇しています。

さらに政府は定年年齢の引き上げや、企業の定年制を廃止するよう推奨もしています。少子高齢化が進む日本では、「高齢者もなるべく長く働いて！」というのが、政府の切実な願いなのです。

「ならば安心じゃないか。自分が働きたいと思えば65歳でも70歳でも働けるようにいずれなるはずだ。自分が定年を迎える頃には、企業も高齢者雇用に積極的になるだろう」と思ったそこのあなた、大いにご注意ください。

実はここには落とし穴が潜んでいるからです。

それは、肝心の企業は本心では「高齢者を雇い続けたくない」と考えているという事実です。

ここでちょっと立場を変えて、「あなたが経営者だったら」と想像してみてください。設定は、「実直に事業を続けているが、決して資金は潤沢とは言えない中小企業」にしましょうか。事業継続にかかる経費の中で人件費は大部分を占めます。できるだけ若くて行動力もあり、スポンジのように新しいことを吸収し、どんどん成果を出してくれる素直な人材が欲しい。だけど一方で古参の従業員も雇い続けるとなると、なかなか強気で新規採用には踏み出せません。そうした中で、企業があえて高齢者を雇い続けるメリットは、ないのが実情です。

たしかに勤続年数の長い社員は、社内事情や業界情報にも詳しいかもしれません。長年培ってきた専門知識や熟練の技、百戦錬磨の経験値、加えて若者にはない豊かなコミュニケーション能力や調整力なども、大いなる強みになるでしょう。

しかしこのVUCAの時代には、フレッシュな発想や柔軟な思考力、アイデア力を吸い上げないと、事業の発展は見込めません。ましてや65歳で、経験社数がたったの1社、しかもそれまでの役職に安穏として、知識のアップデートも怠ってきたとしたら……。価値観が凝り固まっている人材だと敬遠されても、仕方ありません。いくら政府が提言をしても、「ならばわが社で雇い続けましょう」と前のめりにはならないはずです。あえてバッサリ言ってしまえば、正直、企業の人事側からすると、コスパの悪い人材だと思われている可能性さえあるのです。

そもそも政府の提言はあくまで〝推奨〟であり、義務ではありません。高齢者の雇用延長や再雇用をしなくても、企業には何のペナルティもないのです（2025年から65歳までの雇用確保は義務、70歳までは努力義務）。

今後もブルーカラーの仕事はニーズがあり続けるでしょう。ビルの清掃、スーパーのレジ打ち、工事現場の警備員などです。

しかし、知的労働の領域で、ホワイトカラー層の高齢者を今後も継続雇用していく企業は、これからも急増することはないでしょう。

企業に対して自分は何ができるのか？

「ではどうすればいいのか！」という声が飛んできそうですが、大丈夫です。希望は十分にあります。

ただし、その希望を実現するためには、「雇用」という概念へのマインドセットを根本的に変える必要があります。

これまでは「企業」の下に、「個人」が大勢働いていました。今後は**「企業」と「個人」は対等の立場に並び、選び・選ばれる関係**になっていくはずです。

「企業に何をしてもらえるか」ではなく、「企業に対して自分個人は何ができるのか」という意識を持つことからまずは始めてください。当然「できること」が増えれば、「企業」からの信頼や報酬は高くなります。しかし反対に、「できること」が増えなければ……、あなたは「よりできる人」と代替可能な存在であることを、自ら宣言していることになってしまうでしょう。

「コツコツ実直に働いていれば、自分は大丈夫」という根拠なき自信と安心感を、どうぞ捨ててください。「課題は常に上から提示され、〈ＴｏＤｏリスト〉をこなしていれば大丈夫」という、おんぶにだっこの状態の会社員マインドも捨ててください。「働いた時間で給料をもらう」という感覚、「既存領域で成果を出していれば大丈夫」という過去の実績に頼る感覚も、どうか思い切ってゴミ箱に捨ててください。

「45歳定年」の時代を味方につける

２０２１年9月、メディアやＳＮＳに、「45歳定年説」という衝撃的なワードが流れました。

ことの発端は当時のサントリーホールディングスの新浪剛史社長が、経済同友会のセミナーで、「日本が三流国に落ちる前に、45歳定年制の導入を！」と発言したものでした。

この言葉が「社員は45歳で辞めろ！」という意味に捉えられ、ＳＮＳ上でも悲鳴と怒号が飛び交いました。

「一生懸命会社に尽くしてきた人間を、あっさり切り捨てるのか！」

「経営者のエゴ丸出しだ！」

あまりの社会的反響の大きさに、新浪社長も後日トーンダウンし、「定年や首切りをするということではない」と釈明に追い込まれました。

しかしこの言葉は、非常に誠実、かつ真っ当に、日本の雇用状態の現実を表した言葉だと私自身は感じました。そして、「いよいよ本音が出たな」とも。


実際に、私が大企業の経営者や人事部の方にお話をうかがうと、「45～50歳以上の社員は、辞めてもらっても構わない」と発言される方が、正直とても多いのです。

理由はシンプル。その年齢になると、出世争いは終わっていて、残された大半の人に十分なポジションを用意することは難しいから。会社にとっては、もはや〝要らない人〟あるいは〝コスパが悪い人〟になっているのです。

年功序列型の日本企業では、高パフォーマンスを発揮しない社員でも、ある程度の年齢に達していれば、それなりの給料を払い続けなくてはなりません。かといって、明確な理由なく減給や左遷、解雇などもできません。そう、日本企業では、被雇用者はかなり手厚く守られているんです。

しかし、その仕組みの弊害は、ご存じの通りです。

雇用側は、パフォーマンスを発揮しない古参社員にも高い給料を払い続けるため、若くてやる気のある新入社員の採用や若手社員の昇給に弾みがつきません。一方の中高年の被雇用者は、必死で職場にしがみつくことで、外の世界を知らずに高齢になっていきます。

それって実はとても恐ろしいことだと思いませんか？

「自分は若くて健康。どんな環境でもがむしゃらでやっていける！」と豪語していた若者も、65歳を過ぎたら、もはや過度の無理や無茶、新しい挑戦には後ろ向きになるものです。そろそろ体にも不調が出始める歳になって、「さあ、新しい職場を探してください」と世間に放り出される怖さは、生半可なものではありません。むしろ手遅れ状態のそんな未来、私だったら、恐ろしすぎて想像したくもありません。それくらいならば**「45歳くらいで第二の人生に踏み出させてくれたほうが選択肢が広がる」**と思いませんか。

ちなみに、こういう話をしていると、「そもそもなぜ、45歳なのでしょうか？」と聞かれることがあります。たしかに45歳になったからといって、その瞬間に急に老け込んだり、体力やパフォーマンスがガクンと落ちたりするわけではありません。「まだまだ会社に貢献できる」「そんな年齢で企業から見限られるなんて悔しい」という人もいるでしょう。

これは私個人の見解ですが、「45歳」という年齢は、逆の見方をすると、まだ「若さ」がある年齢だからと考えられないでしょうか。もちろん個人差はありますが、「45歳」という年齢はまだまだ体力も気力もあるし、新しいことへの柔軟さもあります。しかも社会経験もある程度積んできているので、周囲からすれば安定感もある。

世の中の転職市場もまだ閉じておらず、異ジャンルへ転職できる可能性が残っている。そんな状態がだいたい「45歳」くらいなのです。

「ライスワーク(R-ice-WORK)」だけを追ってはいけない

さて、ここで一つ質問します。

「あなたは何のために働いていますか」という問いに、皆さんなら何と答えますか。

「家族を養うため」「自己実現のため」「会社の理念に共感して」「みんなが働くものだから」、いろいろな答えがあるかと思います。

世の中には大きく分けて、2種類の「仕事（WORK）」が存在すると私は考えています。

「ライスワーク（Rice-WORK）」と、**「ライフワーク（LIFE-WORK）」**です。

前者を直訳すると「米の仕事」。つまり、「日々の食料を得るための仕事」「生活のための仕事」です。

当然ながら人が生きていくためにはお金が必要です。家賃を払い（家を買い）、食糧や日用品を購入し、自分（や家族）が安心して暮らしていけるだけの収入――それを賄うための仕事を、仮に「ライスワーク」とネーミングしましょう。

では、「ライフワーク」（人生の仕事）とは何でしょうか。「はじめに」でも述べましたが、一口で言えば、「夢や自分の好きなことを追い求めるための仕事」です。天職、生きがい、やりがい、自分の人生を賭けるに値する仕事と言ってもいいでしょう。他人から「もっと稼げる仕事が他にあるよ」と言われても、「いや、自分はこれをやりたい、極めたい」、心から「やりたい！」と一点の曇りもなく突き進める仕事のことを、「ライフワーク」と呼びます。

有名な「マズローの欲求5段階説」で言えば、第5段階の「自己実現の欲求」を充足するような仕事。これが「ライフワーク」に近いです。

いわば、生活のための仕事と、自己実現のための仕事――この2つはどちらがより偉くて高尚だというものではありません。人は生活の糧を得るため、家族を養うために働かなくてはなりません。その意味では、前者は必要不可欠。この部分を抜かして理想を追い求めるのは本末転倒です。

ただ私は、人間がより幸福に生きるためには、後者の**「ライフワーク」要素も非常に大切**だと考えています。毎日「生活のために働かなきゃ……」と暗い気持ちで出勤するのと、「さあ、今日はどんな面白い仕事が待っているかな」と胸をワクワクさせながら朝起きるのでは、当然後者のほうが、人生の張り合いにつながります。

若い頃には「ライスワーク」をしていたけれど、年齢を重ねるうちに「ライフワーク」にシフトしていく人も多いでしょう。青年期は生きるために必死だったけれど、そのうちに仕事にやりがいや生きがいを見出して、気づけば「ライフワーク」と「ライスワーク」が一体化していく……、これはある意味、理想的な働き方です。

その一方で、自分の仕事が「ライスワーク」なのか「ライフワーク」なのか、気づかないまま人生を過ごしていく人もいます。これはちょっと残念ですね。自分自身の人生を、自分でしっかり見つめていない、考えていないことになりますから。

ただし、そういう人も、だいたい50歳を過ぎたあたりで、自分が目を背けてきた事実に気づき始めます。「自分の生きてきた人生は何だったのか……」と、立ち止まり考える時期が訪れるのです。

仮に人生がすべて「ライスワーク」で占められていたとしても、そのおかげで生活を営むことができ、家族を養えてきたのなら、それはそれで立派な人生と言えます。ただ、長い人生、自分の時間と労力を傾け続ける以上、どうせなら「ライフワーク」を追い求めたい。そうなった時、**50歳、60歳で人生を振り返り、「自分にとってのライフワークは何か」を探ったのでは遅い**のです。特にシニア層は定年後に「ライフワーク」を求める傾向にありますが、これは決して、誰かから与えられるものではありません。上司から与えられた仕事をこなすだけの能力ではなく、自ら創造し、提案し、付加価値を与えられる業務スキルがなくては、「ライフワーク」を実現することもできなくなっていくでしょう。
果たして自分のしている仕事はどちらなのか、今から理解しておくことが大切です。むしろ、それを考えていないこと自体がリスキーだと悟ったほうがいいかもしれません。この作業こそが、「人生100年時代」の働き方におけるポートフォリオ制作として、後々重要になってくるからです。

「ライフワーク（LIFE-WORK）」をつくるための方法

もちろん、「好きを仕事にする」が簡単ではないことは、私も重々承知しています。家族がいるのに、「ライスワーク」を投げ出して、「ライフワーク」に一気にシフトすることもできません。子どもの教育費がかかる時期に、自分の一存で仕事を変えることに躊躇《ちゅうちょ》する気持ちも理解できます。「分かっちゃいるけど、そこまで思い切ることはできない……」というのが多くの人の正直な感想ではないでしょうか。

そこで私がお勧めしているのが、**「副業」**です。

「ライスワーク」は今のまま続け、「ライフワーク」を探すための疑似体験として、副業をする。それは同時に20年後、30年後の自分の選択肢を増やすための下準備ともなるでしょう。自社以外の、様々な世界を垣間見て、自分のスキルがどこまで通用するのかを確かめてみるいい機会に、「副業」はなるはずです。

では、副業も難しいという場合はどうすればいいでしょうか。

「忙しくてそんな時間ないよ」「本業でも溺れそうなのに、このうえさらに副業なんて、それこそ家族との時間がなくなってしまう」「副業をしているなんて上司に知られたら、嫌味を言われそうだ……」など、家庭や職場の事情もあるでしょう。

しかし、そのような中でも、なんとか**「ライフワーク」を探し出してほしい**のです。

人生後半戦で徐々に「ライフワーク」にシフトしていく道もあります。両者をうまく組み合わせながら両立していく方法もあるでしょう。本業は「ライスワーク」だけど、副業は「ライフワーク」を楽しんでいる。または「ライフワーク」の起業を目指しながら、今は「ライスワーク」で起業資金を貯めているという人もいます。

30代で副業を始め、「これで行ける！」と確信したタイミングで、早期退職制度を利用して転職や起業をした人もいます。もちろん本業にやりがいを感じているのならば、引き続き「副業」の幅を広げ、「兼業」にすることだってできるでしょう。

かつては「副業禁止！」が多くの企業で常識でしたが、今では推奨する企業も増えてきています。本業の他に1社、2社、3社と副業先を増やしていき、ついに10社を超えたところで独立して、フリーのコンサルタントになるようなケースも、決して珍しくなくなりました。

転職・独立・起業・フリーランス……、実際の決断は後からでも十分間に合います。今はまず、その前の準備運動から、始めてみてほしいのです。

幸運の女神の前髪をつかむ「1万時間の法則」

そんな「ライフワーク」をその手につかむ前に大切なことがあります。それは、ジョブチェンジに対する「心の準備」です。つまり「仕事の能力」＋「メンタル面での心構え」がどれだけできているかが、要になってきます。

皆さんは「1万時間の法則」をご存じですよね。スポーツでも芸術でも勉強でも、

1万時間以上費やしたら、玄人レベルに到達すると言われています。

私はここにさらに「女神の前髪」の喩《たと》えを追加したいのです。

ヨーロッパでは、幸運の女神には前髪しかなく、後ろ髪はないという話が広まっています。だから幸運・チャンスが来たら、その瞬間に前髪をつかまなくてはならない。後ろからではつかめないのです。

これって人生でも仕事でも、同じではないでしょうか。「これやってみる?」と差し出されたチャンスに、「ちょっと考えてみます」「やっぱりやりたいです」では、「もう他の人に振っちゃったよ」ということになりかねません。

とはいえ仕事ともなれば、「やります! まったく知識もゼロですが、熱意だけはあります!」は通用しません。引き受けるからにはそれなりの知識や下地も必要です。

つまり、日頃から「1万時間の法則」で経験や知識を培っておかないと、せっかく女神が通りかかっても、その前髪をつかむことすらできないのです。

ちなみに、みらいワークスの副業プラットフォームは、地方の中小企業が課題を提示し、プロ人材を副業で募集する形態をとっていますが、その倍率の平均は、約20倍です。地方創生や中小企業支援に関心があるビジネスパーソンは意外と多いのです。

本業以外のスキマ時間を使って、仕事に携わりたいと願う人々をかき分け、数十倍の倍率のコンペに勝ち抜くのは簡単ではありません。「まずは手を挙げて、そこから勉強します」では遅いのです。勝ち抜いたその時点で「1万時間」の努力ができていなければ、そのチャンスをつかむことはできないのです。

私は「世の中のチャンスは平等にあるべき」と思っているタイプですが、**「必ずしも結果も平等とは限らない」**とも思っています。そこはやはり、口だけで「副業もいいよね」と言っているだけの人より、「1万時間の法則」×「女神の前髪をつかむ」熱意で取り組んできた人のほうが、はるかに結果を手にする確率は高いのです。

時代は「くすぶっている人材」を求めている

「高度プロフェッショナル人材」は、すでに社会のあちこちに存在しています。

人の価値観や能力は、成長とともに変化します。企業の求める人材像も、時代とともに移り変わります。人も変われば、企業も変わる、ならば「働き方」も変わるべきではないでしょうか。

明治維新以来、脈々と受け継がれてきた日本の「働き方」も、そろそろ変わるべき時期に来ていると感じるのは、私だけではないはずです。


次章からは、多様な働き方を皆さんに提案していきます。企業に雇用される働き方だけではなく、副業や兼業、独立や起業、フリーランスなど柔軟に働き方をスイッチする方法を、紹介していきます。


ただ、一つだけ誤解していただきたくないのは、「会社員は良くない」「会社で雇用される働き方はカッコ悪い」などと言うつもりは、さらさらないということです。

あなたにとって現在の職場がサイコーであり、学びも成長もできているのであれば、何も「その環境から飛び出してフリーになれ！」と言うつもりはありません。今のステージでしっかり学ぶべき時期でしょうから。

ただ、私が伝えたいのは、企業で働くにしろ、独立するにしろ、**「自分はどこでも働いていける」と考えながら、仕事に向き合ってほしい**ということなのです。

「どんな環境でも働ける」自由を手に入れよう

「ここを辞めても、どこでも働いていける」という自信がありながら会社で働き続けるのと、「ここを辞めたら自分は終わりだ……」と思いながら働くのとでは雲泥の差があります。

今は最適と思える職場環境でも、10年後、20年後、30年後もそうであるとは限らないことは、すでに説明してきました。現在の自分のため、あるいは将来の自分のため、さらには定年後の自分のために、「自分はどこでも働いていける」スキルとマインドを身に付けていってほしいのです。

私自身、キャリアのスタートは会社の勤め人でした。企業に雇用されることの恩恵や可能性を多いに享受した人間です。働く環境としては申し分なく、成長と発展の機会は常に用意されていました。優秀な上司に、目指すべきロールモデル、同僚たちの能力も高く、その中で切磋琢磨できた期間は、私にとってかけがえのない時間でした。

当時、大学を卒業したばかりで右も左も分からない時期に、職場でゴリゴリに鍛えてもらった仕事の基礎力があってこそ、その後のフリーランス時代や起業も乗り越えられたのだと思っています。

これまで私は、自分なりの理想の働き方を手にした人を、大勢見てきました。そんな彼らに共通しているのは、「自らの人生を自己責任で生きる覚悟」があることです。自分の人生が今うまくいっていないのは会社のせい、家族のせい、同僚や上司のせいではなく、自らの選択と行為の結果であることを引き受ける覚悟。**自ら働き方や人生を求めて、探検していく意欲と覚悟**があるということです。

これからもあなたは出産・育児・介護・転居・留学など、ライフステージが目まぐるしく変化していくかもしれません。その時に日本が、もっと自由に「働き方」を選べる社会になっているといいとは思いませんか。

「働く人」には、生きがいと自由を！
「雇う人」には、柔軟度の高い人材起用を！

「日本経済」には、人材流動性と生産性とイノベーションを！
「少子高齢化が進む日本社会」には、豊かな労働力を！

これが私の切なる願いです。そんな社会を描くためには、1人や2人の事例だけでは十分ではありません。「その人だけの特殊な成功例だろう」と思ってほしくはないのです。もっと普通に、もっと身近に、もっと大勢、日本でフリーランスとして、または副業や兼業の実践者として、あるいは起業家として働いている人たちの事例と現状を示さなくては、皆さんに納得してもらえないと考えているからです。

現在、硬直化しきった日本の「働き方」を、今ここで見直さなければ、この国の将来はかなり悲惨なことになるだろうという危機感も、本書を書く動機の1つになっています。それは同時に、もっともっと日本をエンパワーメントしたいという私の切実な願いでもあるのです。

その道筋を、これから皆さんと一緒に考えていきたいと願っています。

第2章　会社に依存するキャリアの危険性

「未来の働き方」を提唱する理由

ここまで読んでくださった皆さんは、ある疑問を抱いておられることでしょう。「働き方について語る、お前はいったい何者なんだ！」と。

これから「未来の働き方」について語っていく前に、この章で簡単に自己紹介をしたいと思います。そうでないと、これからの本題に向けて、私と皆さんが同じ悩みを抱えていることが分かっていただけないと感じるからです。

会社に縛られたキャリアを積んでいくと、どのような目に遭うのか。このリスクを実際に体験したのが、何を隠そうこの私なのです。

今でこそ、「1人で生き抜くスキルを！」と叫んでいる私ですが、昔はサラリーマンとして働き、キャリアを順調に積み上げていこうと考えていた人間でした。

そんな私がなぜ、これほどまでに日本の「働き方」に疑問を呈し、未来の働き方や多様な人生の在り方を提唱するに至ったのか。

それは、私が「会社に依存する人生」がどれほどリスキーか、深く身をもって体感したからです。

どうして、会社に依存していてはいけないのか。私がこう確信するに至るまでの物語に、しばしお付き合いいただけると幸いです。

外資系コンサルでのキャリアスタート

私は1976年、神奈川県に生まれました。大学は慶應義塾大学理工学部に進学し、卒業後に外資系コンサルティングファームのアクセンチュア株式会社（当時はアンダーセン・コンサルティング株式会社）に入社し、ITコンサルタントとして働き始めました。

大学が理系だったのは、圧倒的に文系教科が苦手だったからです。また、アクセンチュアに入社したのも、当時他にやりたいことが見当たらなかったからです。理工学部には5年間在籍しましたが、「理系の研究職がまったく肌に合わないだろうな」ということだけは理解できました。学科の学生9割が大学院に行く中、「研究職になる可能性ゼロの自分は、早々に働いたほうがいいだろう」と就活を始めましたが、いかんせん「やりたいこと」がない。ならば短期間で自分が成長できて、かついろいろな業界や企業を見れて、やりたいことを探せる環境に身を置くのがいいだろう、そして当時人気で、ブランド力もあり、かつカッコイイ印象もあった〝外資系コンサル〟を目指し、アクセンチュアに無事、入社できたわけです。

そう、今でこそ多くの人に「自分らしい働き方」を知ってほしいと熱弁をふるう私ですが、新卒当時は、私こそ「自分がしたい仕事」が分からない、何の持論もない若造だったのです。

20代で年収1000万円を目指して

もっとも就職後の仕事はとても楽しかったです。ＩＴ系部門に配属され、グローバルテクノロジーのグループに移り、３年間ゴリゴリのテック系の仕事に専念しました。エンジニアとしてＪａｖａでプログラムを書いたり、ＵＮＩＸのインフラやネットワーク基盤を構築したり。プロジェクトマネージャとしての役割も任じられていたので、入社３年目としては自信満々、「自分は結構できる」と思い込み、それを当時の私のキャリアカウンセラーで、先輩コンサルタントのエリックさんにも漏らしたんですね。今思えば恥ずかしい限りですが、案の定、「仕事をなめるな。そんなに自信があるなら1回揉まれてこい！」と戦略部門に放り込まれました。

入社4年目にして、まったく違う分野で一から学び直しです。後から振り返れば、IT系と戦略系と異なるジャンルで揉まれ鍛えられたことは、その後の私の仕事の幅を大いに広げてくれました。そのことに今ではとても感謝していますが、ただ若かりし当時は、そのありがたさにも疎かった気がします。新しいことを学べている手ごたえや充実感を感じながらも、正直、心のどこかで焦燥感も抱いていたのです。

私は大学を1年留年しています。しかも4月入社ではなく7月入社。アクセンチュアでは当時3月から7月まで、1月ごとに入社時期を選べる仕組みになっていたんです。入社後にアメリカで行われる研修に、全員を一気には連れていけないという事情もあり、入社時期をずらす仕組みがあったんですね。

そんな中、私はなぜ7月入社になったのか。それにはある重大な理由がありました。内定式で受けた人生初のＴＯＥＩＣ試験で、私はなんと３２５点という最低ランクのスコアをたたき出したからです。

「現役で慶應入って、なんでこの点数？　サイコロ振っても出せる点だよね？」と人事の方に散々詰められまして……（笑）、「こんな状態でシカゴ研修行けるのか!!」と激詰めされたことで、私は入社時期を遅らせて渡米しました。4月から2か月間は語学学校に通い、7月までの残りはアメリカとカナダ、メキシコの各地を放浪しました。

要するに同級生や同期に比べると、いくつもの要因で社会人として後れを取っていた私は、内心とても焦っていたのです。

当時の私の目標は、「20代で年収1000万円を超える」というものでした。外資系金融機関に進んだ大学の同級生からは、「20代で億を稼ぎ始めている」とか、「弁護士として前途洋々」という話もチラホラ聞こえてきます。自分だって20代にしては十分すぎるほど恵まれていたのに、上を見るとキリがありませんね。

ベンチャー企業の誘惑

そんなある日、訪れた焼肉屋で、大学時代の先輩にばったり出くわしました。卒業以来会ってもいなかった先輩でしたが、名刺交換をしたその2、3か月後、突然「飯でも食いに行かないか」と誘われたのです。

当時、すでに上場会社の取締役に就いていたその先輩は、他の役員も連れてきて、「うちの会社に来ないか」と誘ってくれました。唐突感はありましたが、何しろ当時、内心焦りまくりだった私です。現在のポジションや給与より高い条件を提示され、しかも「ぜひとも岡本君に来てほしい」という魅力的な誘いだったこともあり、私の心は揺れました。

しかし、さすがにあまりに急なお誘いです。当時のアクセンチュアは副業禁止であったことからも、「まずは手伝いから」始めることにしました。アクセンチュアに籍は置いたまま、新しい会社にも専用のデスクを用意してもらったのです。

もちろん〝手伝い〟ですから給料は発生していませんでしたが、ベンチャーでの仕事は非常に刺激的で、魅力的な時間を過ごしていました。

ところが〝手伝い〟を始めて約3か月たった頃、本業のアクセンチュアで新しい常駐型のプロジェクトに任命されました。常駐型のプロジェクトは、非常に時間がかかりますし、それまでのように、他の企業の仕事を片手間で〝手伝い〟しながらでは、物理的に両立はできません。さすがにどちらか軸足を選ばなくてはならないタイミングでした。

時は2005年。ちょうどホリエモンこと堀江貴文氏が、ライブドア本社を六本木ヒルズに移したり、球団買収で盛り上がったりしていた時期でした。楽天やサイバーエージェントなど、インターネット業界を中心に新興市場がキラキラ輝いていた時代でもあります。声をかけられたその会社もマザーズ市場に上場した新興企業であり、時流的に「イケてる」感じがヒシヒシと伝わってきたのです。自分自身の焦りからも「年俸1000万円以上、ストックオプション提示」に心が惹かれ、ついに私は転職を決意しました。アクセンチュアを辞め、その先輩の会社に転職をしたのです。

結果として、この選択は私の人生における最大の〝転機〟となりました。

新天地の思わぬ落とし穴

あのままアクセンチュアで勤め続けていたら、どんな人生になっていただろう……。今も時々、そう考えることがあります。人生の〝転機〟とは時に思いもかけない方向に、自分を連れて行ってくれるものです。私の人生もまた、想像もつかない方向に、漕ぎ出していくこととなりました。

私が転職した会社は、その規模を大きく拡大している真っ最中でした。多様な事業グループ会社がある中で、私は事業管理や経営企画的な仕事の担当となりました。まだ入社して日も浅く、右も左も分からぬまま、無我夢中で毎日を過ごし始めた半年後、ある朝、突然スーツを着込んだ見知らぬ人々が一斉に会社になだれ込んできました。

「はい、皆さん、パソコンに触らないでください！」

「帳簿を触らないでください！」

大阪地検の捜索、いわゆる、「ガサ入れ」です。まるでドラマのワンシーンのような目の前の光景に呆然としながら、私自身は何が起きたのかさっぱり分かりませんでした。

忘れもしない、2006年1月の朝のことでした。いわゆる「ライブドアショック」です。過去にその会社はライブドアにとある会社を売却しており、その件で、一気に大阪地検が調べに入ったというわけです。その日以来、ステークホルダーへの説明やメディア対応などに追われる、怒濤の日々が始まりました。

日本の転職市場で「消えた」自分

さあ、最初のショック時期が去り、茫然自失の日々から立ち直った私は、これからの人生をどうしようかと改めて考えました。入社後まだ1年も経っていません。正直、会社に対する愛着が育つような時間もありませんでした。

「これを機に他の会社に転職しよう」そう思い、転職活動を開始しました。

それまでの私は、自分で言うのもなんですが、自身の「履歴」に自信を持っていました。慶應義塾大学の理工学部出身で、アクセンチュアで5年勤めた経歴、加えて自分の「喋《しゃべ》り」にも自信がありました。どこの会社を受けても、書類選考はもとより面接でも最終面接までこぎつける自信はありましたし、実際そうでした。役員面接を通過し、社長面接をし、「ぜひうちの会社に来てください」と力強く握手されたこともあります。

ところが、です。どの会社も2日後くらいに、「やはりご縁がなかったということで……」という連絡が転職エージェント経由で来るのです。最初は驚きましたが、何件も続けばさすがに「何かおかしい……」と感じます。ある日、心ある転職エージェントから告げられました。

「皆さん、岡本さんを採用したいと思われるんです。ですが、今の会社のそのポジションでは採用できませんよね」と。

このとき、私は静かに悟りました。今、自分が転職市場でどのように評価されているのかを。それは私の身に「あらぬ疑い」がかかってしまっていることを意味していました。

転職先のベンチャー会社では、私の肩書は「経営企画部長」でした。一連の報道を通じて、ある意味〝反市場・反社会企業〟のようなレッテルを貼られてしまった会社の経営企画部長。会社の外から見れば、「絵を描いた張本人ではないか?」と疑われても仕方ありません。わずか1年しか在籍していないとはいえ、私の経歴にはホワイトならざるブラックの印象がついてしまったのです。

その時ようやく、事の重大さに気づきました。これまで日本の学歴社会のど真ん中を歩いてきた自分が、今や「転職市場で消されてしまった」「価値がない、むしろマイナスになってしまった」という事実に……。

キャリアがゼロどころかマイナスに

当時の私はまだ20代後半です。それなのに、もう今後「転職」で自分を採用してくれる会社は出てこないかもしれないという絶望感に、私は打ちのめされました。

ただ、人間は面白いもので、絶望のどん底に陥ると、どこか開き直るものですね。もうこれ以上考えたり、絶望したりしても仕方ない。どうせ自分を欲しい会社などどこにもないのです。まだ籍を置いている会社も開店休業の暇状態です。

開き直った自分は、夕方は定時に上がり、夜の時間を使って「自分探し」を始めました。いろいろな業界の人を紹介してもらったり、起業家から話を聞いたり、読書にいそしんだり。

そんなある日、気づきました。そういえば20代の頃は海外旅行も大好きで、これまで20か国以上訪れたけれど、肝心の足元の日本のことをほとんど知らないな、と。

これまで国内旅行はあまりしてきませんでしたし、理系人間なので日本史も全然勉強していません。書道教室の先生をしていた母を通じて、日本の良さは漠然と教えてもらってきたと思いますが、体系的には学んでいません。

そうだ、この機会に自分の足で日本を歩いて回り、その文化を学んでみよう。こうして私は、47都道府県を巡る旅に出たのです。

今日という日を輝くために生きているか？

サラリーマンとして会社で働きながら、連休や有休を取得して、複数回にわたって、日本を旅しました。神奈川県出身の人間としては、地方や田舎に行けば行くほど、「人も食も歴史も文化も、めちゃくちゃ魅力的じゃないか」と目からうろこ状態でした。「日本は、これほどまで素晴らしい魅力に満ちた国なのか」という感動は、同時に、「だけど地方の経済はとても廃れてしまっているな」という残念な感傷にもつながりました。

2006〜2007年にかけてのことです。県庁所在地があるような立派な駅前でも、数分歩くとシャッター商店街が当たり前のように広がります。そのくせ、ちょっと外れた国道沿いやバイパス沿いには、お決まりのようにイオンモールがドーンとそびえ立ち、そこにだけ人が集まり栄えているのです。

これでいいのか、日本？

古き良き日本がどんどん消えていってしまっているのではないか？

もっと日本の良さを活かしながら、経済的に発展していく方法はないのだろうか？

そんな思いがグルグルと胸を駆け巡る中、旅した東北で、ねぶた祭りを見学しました。4日間の開催中、最初の3日間でコンテストを行い、そこで入賞したチームが最終日、街を練り歩きます。最終日、私は入賞チームについて回り、彼らの話を聞きまくりました。熱血大将のもと、チームメンバーは30～40人くらいいたでしょうか。

「この1年間何のために生きてきたんだ？　今日という日を輝くために生きてきたんだろう！」とためらいもなく、頬を紅潮させながら仲間と語る彼らの姿を前に、私は自分のこれまでの生き方をどこか恥ずかしく感じていました。

青森は美しい土地ですが、都会暮らしを知る身からすると、正直なところ娯楽は多くありません。しかし、彼らには情熱があり、人生の充足を感じています。そんな人生観に、私は羨ましさも感じました。

翻って自分自身の人生はどうだろうか。なんの目標もなく、ただなんとなく「いい大学に行って、いい会社に入って、人も羨む年収をもらって……」を〝夢見て〟きた日々。毎日、毎週、毎月、毎年と、判で押したように、決まった時間に決まった場所に出社し、〝仕事〟をこなして、なんとなく不平不満を垂れている。

祭りの翌日、秋田の乳頭温泉に浸かりながら改めて考えました。ちょうど旅のお供にデール・カーネギーの古典『道は開ける』を持ち歩き、読んでいたところです。「自分が転職市場で消されてしまった……」と悔やんできたけれど、そもそも「自分で何かをしよう」という発想や行動力が、これまでの自分にあっただろうか。もっと自分の人生に責任を持ち、生きていくべきではないのか。そんな思いに、目を覚まされる思いでした。

どうせ今後、サラリーマンとして大手企業に採用される希望はほぼ断たれたのです。だったら、今こそ「自分が本当にしたいこと」を見つけ、そのために働くべきではないだろうか。

そこで、はたと気づきました。「自分が本当にしたいこと」とは、いったい何なのか。改めて考える中で一つの答えも、おのずと浮かび上がってきました。「日本を元気にしたい」という願いです。

日本は魅力的な土地や四季折々の自然の恵み、個性豊かな人々や祭りや文化に溢れています。だけど、地方の経済が輝いていない。少子高齢化が進み、過疎化も進み、本来持っていた活力がどんどん失われてしまっています。

もし、こうした地方を元気にすることができれば、もしかしたら日本経済全体も、文化も、人々も、元気にすることは可能なのではないか。

方法はまだ分からない。でも、そのために自分は起業しよう。

サラリーマンとして仕事を与えられるのを待つのではなく、自分で起業して「仕事」をつくり、日本を元気にしていこう。

そう決意をした翌月末には、会社を立ち上げていました。まだサラリーマンとしての仕事も一応、続けています。会社には「今の仕事が終わったタイミングで辞めます」と宣言し、副業的に起業家生活がスタートしました。昼間はサラリーマンとして、夜と週末の時間は社長として、活動を開始したのです。

ところが、この起業はその後も、大きな苦難に直面することになりました。

「サラリーマン」兼「社長」として

さて、私が「サラリーマン」兼「社長」としての活動を開始したのは２００７年のことで、サラリーマンをやめたのは２００８年6月末です。その直後に何が起きたか。皆さん覚えていますよね。２００８年の9月、リーマンショックが起こったのです。

意気揚々と「地方創生するぞ！」「日本を元気にするぞ！」と決意した矢先に、日本経済どころか、世界中の景気が爆沈しました。

世の中のあらゆる経済活動が停止する中、30歳そこそこの若造が地方に行き、「地方創生！」と叫んでも、誰も耳を傾けてはくれません。そもそも今でこそ「地方創生」は、大切な経済キーワードですが、当時はそんな言葉すら存在しない時代です。しばらくの間、「社長」業は半強制的に休業を強いられてしまいました。

地方を創生する以前に、まずは自分の生活を蘇生しないことには何も始まりません。サラリーマンをやめて安定収入がなくなった直後でしたので、日本を元気にするどころか、自分が食べていけない状態に一気に落ち込んでしまったのです。社長というよりフリーランスとして、とにかく東京で食べていくことが先決と方針転換し、必死になって営業活動に邁進《まいしん》しました。

日本はおろか世界中から「仕事」が蒸発する中、遮二無二「なんでもいいからやります！」とあらゆる知人に声をかけまくりました。仕事をもらうといっても、そう簡単にはいきません。起業前には「独立したらいつでも仕事をまわすよ」と気前よく声をかけてくれていた人も、事態が変わった今、昔の口約束を果たせる余裕はなくなっていました。必死で自分のスキルをアピールしつつ営業を続けました。すると、その「必死」のかいがあってか、厳しい社会状況の中でも、徐々にアクセンチュアで経験したことのあるＩＴや戦略コンサルティング系のジャンルを中心に、何とか「仕事」をもらえるようになっていきました。

良かった、なんとか食べていくことができそうだ……。そんな風に安堵したのもつかの間、今度は別の問題が発生するようになっていきました。

フリーランス間の「Win-Win関係」

当然ですが、1人の人間の1日は24時間しかありません。ありがたいことに必死の営業が実り、どんどん仕事が来るようになったのは良かったのですが、1人で営業・仕事・経理をする日々に、だんだんと仕事をさばききれなくなってきました。

贅沢な悩みだと思われるかもしれませんが、仕事をこなすのに精いっぱいで、ほとんど1人ブラック企業状態に陥っていたのです。睡眠時間を削っても、できる仕事量には限度があります。それに、眠い頭をたたき起こして仕事をしていたのでは、クオリティも下がってしまいます。

どうしよう、これでは身が持たない……。

そんな時、ふと周囲を見回して、あることに気づきました。

フリーランス仲間や起業家たちが、「仕事がない」「お金がない」「食っていけない」と相変わらずカツカツの状態にいるということに。

そこで私は、自分では受けきれない量の案件が来たときに、フリーランス仲間に声をかけ始めました。

「こんなのあるけど、やる？」と。

ただ、私に仕事を発注する側からは、「岡本だから発注したのに、どこの馬の骨か分からん人間にやらせるのか」ということを言われてしまいます。それも納得のいく話なので、「では、こうしましょう。私の会社が受注し、それを業務委託でフリーランスに再発注します。もし成果にご不満があったり、何かの失態があったりすれば、私が責任を取ります」という形態にしました。要するに〝ケツを持つ〟ことで仕事の質を保証するのです。

これが現在の「みらいワークス」の原型となりました。

「サラリーマン」を捨ててまで実現したい3つの軸

もっとも、当時はこれが将来の自分の仕事につながるとは、到底考えてもいませんでした。ある意味では、成り行き上の選択だったわけですが、これは案外うまくいきました。仕事もお金もなくてカツカツ状態のフリーランスの友人からは、大いに感謝されました。営業にかける時間や労力を省き、シンプルに仕事に集中して収入を確保することができるからです。

これは案外、世の中的にもいい仕組みではないだろうか。そう考えながら、本格的に管理表を作成し、ビジネスとしてスタートしたのは2010年のことでした。

同時に、契約するフリーランスにいろいろなことを聞き始めました。

ビジネスとしての信頼を確保するには、発注する先のフリーランスのスキルチェックが欠かせません。ただ、一方的にスキルの聞き取りをするだけではつまらない。せっかくなので「なぜフリーランスになったのか?」「なぜ、独立・起業したのか?」「これから先、何をしていきたいのか?」といったことも聞くようになりました。すると意外な**3つの軸**が見えてきたのです。

サラリーマンとしての立場を捨て、「独立・起業(副業)してやりたいこと」として、多くの人が挙げたのは、①「中小企業・ベンチャー企業支援」、②「地方創生」、③「海外とのつながり」だったのです。これらを整理すると次のようになります。

①　**「中小企業・ベンチャー企業支援」**

ベンチャー企業の「コンサルティングをしたい」「起業支援をしたい」「ＳａａＳなどのプロダクトをつくり、生産性を上げたい」など。多様な方法で、中小企業の力になりたいという人が多くいました。

②　**「地方創生」**

当時はまだ「地方を元気にしたい」「地域の活性化」「地元を元気に」などの表現でしたが、私と同様、廃れていく地方経済を活性化したい熱意を持つ人は多くいたのです。

③　**「海外とのつながり」**

今の言葉で表すと、「インバウンド」「アウトバウンド」的な発想を語る人も多くいました。例えば、「日本のプロダクトを海外に紹介したい」「海外労働者を日本の企業とつなげたい」「日本酒を海外に売り込みたい」など、様々なアイデアに溢れていました。

驚きました。どれをとっても、私自身が数年前に胸に抱いた「日本を元気にする仕事」に相通じているものだったからです。日本経済、地方や文化を元気づけたいという私のビジョンは、画期的なアイデアのように思っていましたが、実は自分以外にもこんなにたくさん、同じビジョンを思い描く人がいたとは。しかも彼らは、そうした「夢」のために実際に独立し、起業し、フリーランスとなって行動を開始している。感動すら覚えました。

ただ、問題が一つありました。そうした彼らが「食べることができていない」現状です。これほど日本を想い、将来を憂い、活動している人たちが、リーマンショックがあったとはいえ、カツカツの状態に陥っているという状況に、私は憤りすら抱きました。

日本は資源が少ない国です。人的資源こそ、国の大切な力の根源のはず。それなのにこの現状はどうしたことか。地方を、日本を元気にしたいと願う人たちが、ビジョンを描き、努力しているのに、自分一人食べることもできずに夢が潰えてしまっている現実がある。

そんな国でいいのか、日本?

熱意もスキルも溢れる人々が、ちゃんと努力をして、しっかり成果を上げられる国になれば、個人が豊かになるだけでなく、経済そのものが一歩前進するはずなのに。

大企業頼みではなく、意欲ある個人がしっかりと経済に貢献していける国。そういうニッポンを目指したい。

そうだ、自分はそのためのインフラをつくろう。自分1人が頑張って日本を元気にするのではなく、100人が100通りの方法で日本を元気にすればいい。そのサポートをする社会インフラをつくることで、結果として自分も、日本も元気にすることができるはずだ。

こうして本格的に「みらいワークス」の前身となるプラットフォーム事業が始まっていったのです。

「優秀じゃないから、フリーランスをやっているんでしょう？」

そこから先の道のりも、決して平坦ではありませんでした。最初こそ1人企業の社長として、30人を超すフリーランスと契約して、営業や、月末月初の契約書と請求書との格闘で眠れない日々を過ごしましたが、さすがに業務過多で回らなくなっていく中で、2012年、アクセンチュア時代の後輩と一緒に起業しようという話になりました。彼に、共同代表になってもらい、「みらいワークス」を立ち上げたのです。

コンサルタント時代には、クライアントに対して「新規事業はしっかり市場分析をして、競合他社の分析を行い、マーケット規模も見極めなくてはなりません」などと伝えてきた私でしたが、いざ自分が起業するとなったら、そんなセオリーは完全無視。無我夢中で、気づいたら事業を立ち上げていた……、そんな感じです。

結局、「正解」が何かなんて分かりません。ただ、「やりたいこと」があるという熱意は何にも勝るエンジンになるということだけは分かりました。

ただし、自分自身の想いとは裏腹に、当初は苦戦しました。まだまだ「フリーランス」という言葉自体が市民権を得ていない時代でした。「組織に属さずフリーで働く」こと自体、世間の変わり者か、はみ出し者がたどり着く終着駅といった雰囲気です。


いまだに忘れられないのは、2015年に上場を目指すタイミングで、とあるVC（ベンチャーキャピタル）に投資の依頼をしに行ったときのことです。その方は有名な大手証券会社出身でしたが、なんと「フリーランスなんて、要するに優秀じゃないから、会社を辞めて独立しているんだろう。そんな人間を集めてどうやって仕事できるの？」と、あからさまに言い放ったのです。

金融業界の中でも最先端を走っているはずの人なのに「会社に属することだけが正解」だと思っているのかと驚きましたが、同時に、「だったら自分たちが先頭を走れるはずだ！」との思いを強くしました。「サラリーマンとしての働き方こそが王道だ」という世の中の思い込みを、ぶっ壊してやろうと決意したのです。

その後も紆余曲折ありました。すべてをここで説明するのは、それこそ本書の趣旨ではないうえに、かなり脱線してしまうので割愛しますが、その後も「みらいワークス」は前進し続け、ついに2017年12月に、無事に当時の東証マザーズ市場（現：グロース市場）へ上場を果たすことができました。

当初は上場自体、目標には掲げていませんでしたが、「個人」と「企業」をマッチングする仲介業者である以上、上場することで認知度や信用度が上がるなら、そう悪いことではありません（上場前は大手金融企業との仕事が始まろうとする時に「帝国データバンクのスコアが足りないので口座が開設できません」と言われたこともありました）。多くの方のご協力も得て、一歩前進することができました。

人生の「脱線」「寄り道」すべてが転機になる

さて、紆余曲折も甚だしい私の半生語りに、根気強くお付き合いくださり、ありがとうございました。あらゆることが紙一重で、様々な〝縁〟が折り重なっての半生でした。一度は、「これまでの人生の努力も経験もすべて無駄になったのではないか」と不安になったこともありましたが、そうした経験があってこそ、みらいワークス設立への道を見つけられたと思っています。

最初の独立が2008年でリーマンショックに重なったのも、また上場が2017年だったのも、振り返れば絶妙なタイミングだったと感じています。というのも、政府で「フリーランス」の政策検討が本格的に始まったのが2016年だったからです。世の中で「フリーランス」に対する注目度が高まる中で、フリーランス銘柄の上場は注目も集めました。その後次々に「フリーランス」としての働き方を促進する社会的気運が高まっていったのは、事業にとっても大いなる追い風となりました。

ちなみに、みらいワークスはフリーランス紹介という単一事業で上場しましたが、その2年後には晴れて「地方創生」事業にも乗り出すことができました。「地方創生×プロ人材」プラットフォームの誕生です。乳頭温泉で願った「地方創生を通じて日本を元気にしたい」という夢が、10年越しでようやく始動したことになります。

さて、次章からは、改めて「企業にとらわれない自由な働き方」を、リアルに描いていきたいと思います。その前に、皆さんに私の人生の一番コアな部分を説明できたことは、とても嬉しいことでした。自分の人生、生き方、価値観を根幹から変えた重要な10年間を、これまで人に話せなかったことが、私にとって苦悩だったからです。

日本は失敗を許さない社会だと言われています。一度ドロップアウトすると、そこから復帰するのは難しいとも。私自身、そう思い込んできましたし、だからこそ必要以上に「成功」にこだわってきたのかもしれません。でも、今だからこそ言えます。

人生における「失敗」も「脱線」も「寄り道」も大いに結構。なぜなら、そうした体験がある人間こそ、少しのことではへこたれず、フリーな働き方をできる人材として、世の中で活動していけると信じているからです。

第3章　フリーランス時代の到来

現実になりつつある「未来の働き方」

これからの世界の働き方は、「企業依存型」から「個人としての働き方」へ、大きく変わっていきます。**「『これが自分のスキル！』という武器（ポータブルスキル）を持てば、企業に依存せずに、自由なフリーエージェントとして生きていける！」**。そんな時代の移行期に、私たちは生きているのです。

そのムーブメントを如実に表した書籍が、２００２年、日本の書店に並びました。タイトルは『フリーエージェント社会の到来』（ダイヤモンド社）。サブタイトルは「『雇われない生き方』は何を変えるか」でした。

著者はアメリカのクリントン政権下で労働長官の補佐官房スピーチライターを務め、アル・ゴア副大統領の首席スピーチライターも務めたダニエル・ピンク氏です。政治の世界で過酷な働き方を経験した著者は、ある日、過労で倒れたことをきっかけに、フリーランスに転身しました。そして、アメリカ中で組織に属さずフリーランス（フリーエージェントと著者は定義）として働いている人々をリサーチし、その結果を一冊の本にまとめたのです。「近い将来、組織に雇われる働き方以外に、フリーエージェントとして働く個人が増加するだろう」という著者の予言は当たり、アメリカで、組織に属さない新しい働き方は拡大していきました。

２０１２年には、リンダ・グラットン氏による『ワーク・シフト　孤独と貧困から自由になる働き方の未来図』（プレジデント社）も出版され、旧弊の考え方にとらわれない柔軟な働き方が改めて提示されました。

続く２０１６年には、同氏による『ライフ・シフト　１００年時代の人生戦略』（東洋経済新報社）の大ヒットで、多くの人が、人生は今後１００年に延びること、そんな時代には働き方・暮らし方が大きく変わることを、強く実感したことでしょう。

ビジネス大国アメリカでは、ドライなリストラや雇い止めも頻繁に行われます。その根底には次のような考え方があります。それはすなわち、**スキルとは「企業」に紐づくものではなく、「個人」に紐づくものである**ということです。人々はA社、B社、C社を渡り歩く中で、自らのスキルを磨き、進化・強化させていくという共通の認識を、彼らは持っているのです。

こうした「未来の働き方」が、いよいよ日本でも静かに浸透し始めています。

「ポータブルスキル」で、人生を豊かに旅していこう

ではこの、「ポータブルスキル」をより細かく定義すると、どういうことになるでしょうか。それは、**「社内外問わずどこでも活かせる汎用かつ万能スキル」**です（厚生労働省の定義では「職種の専門性以外に、業種や職種が変わっても持ち運びができる職務遂行上のスキル」とされています）。

従来の日本では、弁護士や会計士など一部の専門家を除き、一般的なホワイトカラー層の「専門スキル」は会社と紐づけられ、その企業でのみ実践可能なものが多かったと言えます。しかしいまや、**スキルは「持ち運び可能」なものだということに社会全体が気づき**始め、個人の転職や副業、フリーランス化の際、**「外部でも応用できる」と考えられるようになってきた**のです。

例えば、イラストレーターやカメラマンなどは、自らの作品をポートフォリオとして整理して、それを新規顧客開拓の際に提示することで仕事を得てきました。それと同様のことが、今後ホワイトカラーのビジネス業界でも繰り広げられていくということ

とです。

象徴的なのは履歴書です。これまでは企業名や部署名、肩書ばかりを羅列する、あるいは「専門スキル」について詳細に説明するものでした。

しかしこれからは「会社でどういうミッションを担っていたのか」「どのようなプロジェクトを企画・推進したか」など、あなた個人としての会社との関わり方、貢献の仕方など、職務遂行上のスキル、いわゆる「ポータブルスキル」が重視されるようになっていくはずです。

一口で「仕事」といっても、製造やサービス、飲食や広告、物流や小売りなど様々なジャンルがありますが、業界を超えて共通する「仕事のやり方」というものも存在しますよね。

厚生労働省の「ポータブルスキル見える化ツール（職業能力診断ツール）」では、「ポータブルスキル」が分かりやすく整理されています。「ポータブルスキル」には主に2つの分野の能力が存在します。1つめはダイレクトに**「仕事の仕方」**について、2つ目は仕事に従事する人々をまとめ上げる**「人との関わり方」**についてです。

まず、「仕事の仕方」については5つの要素とされています。

●現状の把握

取り組むべき課題やテーマを設定するために行う情報収集やその分析の仕方

●課題の設定

事業、商品、組織、仕事の進め方などの取り組むべき課題の設定の仕方

●計画の立案

担当業務や課題を遂行するための具体的な計画の立て方

●課題の遂行

スケジュール管理や各種調整、業務を進めるうえでの障害の排除や高いプレッシャーの乗り越え方

●状況への対応

予期せぬ状況への対応や責任の取り方

自分の毎日を振り返って、「あるある」と大きくうなずかれた人は、すでに立派な「ポータブルスキル」を持っているということです。

続いて「人との関わり方」については、4つの要素とされています。

●社内対応
経営層・上司・関係部署に対する納得感の高いコミュニケーションや支持の獲得の仕方

●社外対応
顧客・社外パートナー等に対する納得感の高いコミュニケーションや利害調整・合意形成の仕方

●上司対応
上司への報告や課題に対する改善に関する意見の述べ方

●部下マネジメント
メンバーの動機付けや育成、持ち味を活かした業務の割り当ての仕方

仕事は1人ではできません。経営層、各部門長、部署内メンバーや部下に加え、プロジェクトワークとなればプロジェクトマネージャーや部門を超えたチームメンバーとも仕事をします。またクライアント企業、アウトソーサーなど外部のステークホルダー各社や監督官庁とのやり取りも日々行っているのではないでしょうか。こうした

多様な「人との関わり方」を遂行する力は、どこにでも活かせる汎用かつ万能スキル、「ポータブルスキル」なのです。一見、「え、こんなの毎日やっているよ？」というような日常業務ともいえるでしょう。

もちろん、経理や広報、プログラミングなどのＩＴスキル、プロジェクト管理といった一般的に扱われる「専門スキル」の研鑽が望ましいのは自明ですが、そうした「これ！」といったスキルが現在なかったとしても、「自分にはスキルがない」と思い込む必要はないのです。ややこしい上司の意図をつかみ、理解し、モチベーションがダダ下がりの部下を鼓舞し、悩みを聞いて伴走すること、自分たちが直面する真の課題は何なのかを知り、情報を集め分析すること、課題を経営層に訴え、人的・マネー資本を獲得し、説得力のある資料を作成すること……、こうした一つ一つの能力は地味ながらも、他社でも十分通用する「ポータブルスキル」となります。

仕事力は、持てるスキルと経験の掛け合わせです。**複数の「できること」を掛け合わせてこそ、他者にはない自分だけの強みを持つことができる**のです。

転職や副業・兼業を重ねていけば、あなたの〝履歴〟には新たなスキルや分野が書き込まれていくでしょう。次のステップや新たなステージに到達するための、自分だけの大切なチケット。それが「ポータブルスキル」です。このチケットは、20代から始まり、30代、40代で新たな項目が書き加えられ、50代、60代、70代と内容がさらに深まっていく大切な人生の旅の同伴者です。**あなた自身が歩いてきた履歴、歩みの証拠です。**

このチケットを確認することで、新しい企業・仕事の依頼主はあなたの経験、スキル、知識を読み解いていきます。どうかそのときに、書き込める内容が、たった1社だけ、1つの肩書だけという寂しい事態には陥りませんように。豊かに、幅広く、社会に貢献してきた軌跡がうかがえるように、**あなただけの「ポータブルスキル」を磨いていってほしい**のです。

柔軟な働き方が幸せな人生100年につながる

例えば、もしあなたが通勤列車の定期1枚しか持っていなければ、思い立ってすぐに旅することはできません。山登りも、船に乗って大海原に乗り出すこともできません。毎日毎日、決められた通勤ルートを往復するだけの日々。それが「1社でのみ働く」ことのイメージです。堅実ではありますが、果たして、楽しい旅（人生）と言えるでしょうか？

たしかにかつては、「60歳まで働き、ほどほどに余生を楽しんだら、ピンピンコロリで人生をおしまいにする……」が理想的な人生とみなされてきました。そうしたシンプルな人生ならば、「通勤列車の定期1枚」でも十分対応できたかもしれません。

でも、現代を生きる私たちは、**定年後に、第二の社会人生活を始めなくてはなりません。**

新型コロナウイルスの感染拡大以降、地球規模でステイホームや自宅でのリモートワークが一気に進みました。これまで長時間労働、長時間通勤、職場の人間関係で疲れ果ててきた日本人にとっては特に、生活の大変革だったはずです。

「これまで毎日、通勤地獄を味わってきたけど、家でも仕事はできるじゃないか」
「通勤にかけてきた膨大な時間が、リモートワークになった瞬間、自由時間になった」
「職場の複雑な人間関係に悩まされず、シェアオフィスで集中できるようになった」

いろいろな発見があったでしょう。これまでの仕事一辺倒の生活を振り返り、QO

L（Quality Of Life）の向上が頭をよぎった人も多かったはずです。

「こういうふうに、夕食を家族で囲めるのはいいな」
「在宅でオンラインなら、子どもの送り迎えや夕食の支度も随分楽になる」
「コロナ以降も、出勤する必要はないのではないか」

場所や時間に左右されない**柔軟な働き方が、「幸せな人生100年」につながっていく**実感は、そんな皆さんも感じ始めているはずです。そんな幸せな人生を手に入れるために必要なチケットこそが、「ポータブルスキル」なのです。

個人のスキルが墓場に行く日本

これまで日本の産業は、長らく新卒一括採用・終身雇用制度を守り続けてきました。組織に外部から入ってくるのは、常に「働いたことのない新人若手」であり、ミドル層もシニア層も、自社のことしか知らない人間ばかり。そんな集団が、世間をアッと言わせるようなイノベーションを起こせるかといえば、難しいのは当然です。

私自身は、必ずしもこれらの働き方自体が悪とは思いません。日本は職人を多く育んできた国です。若い頃に親方の下につき、コツコツと生涯をかけて経験と知識を積み重ねる。そこに職業的な美意識を持つ国民性もあるのでしょう。企業側も、被雇用者と長く付き合い、社員の家族も大切にする独特な企業文化を育んできました。

一方で、そうした働き方は、近年の経済や産業構造にマッチしなくなってきています。ビジネスモデルや商品、社会の価値観が非常に速いスピードで置き換わる時代に、「新卒一括採用」「終身雇用制度」を貫いていては、新しい付加価値やビジネスを生み出すことが難しいからです。その結果、日本の国全体がガラパゴス化し、世界が求める製品や価値とどこかズレた、オリジナルだけど、誰も欲しくないシステムや製品が生まれる負のスパイラルにここ30年ほど、日本は落ち込んできました。

でも、これは非常にもったいない話です。本来、優秀なはずの日本人が、たった1つの会社で職業人生を全うすることで、知識やスキルを墓場まで持って行ってしまうからです。個人の観点から見ても、産業界全体から見ても、これはとても大きな損失です。これこそ「人材の流動性」が生まれないことの、最大の弊害と言えるでしょう。

ただ、そんな現実に風穴も開き始めています。企業経営者など４０３人に、「新卒

図3-1｜業務委託活用に注目が集まる

質問　**今後、人材が流動的になるにつれ、「新卒採用」より業務委託活用のほうが活発になると思いますか？**

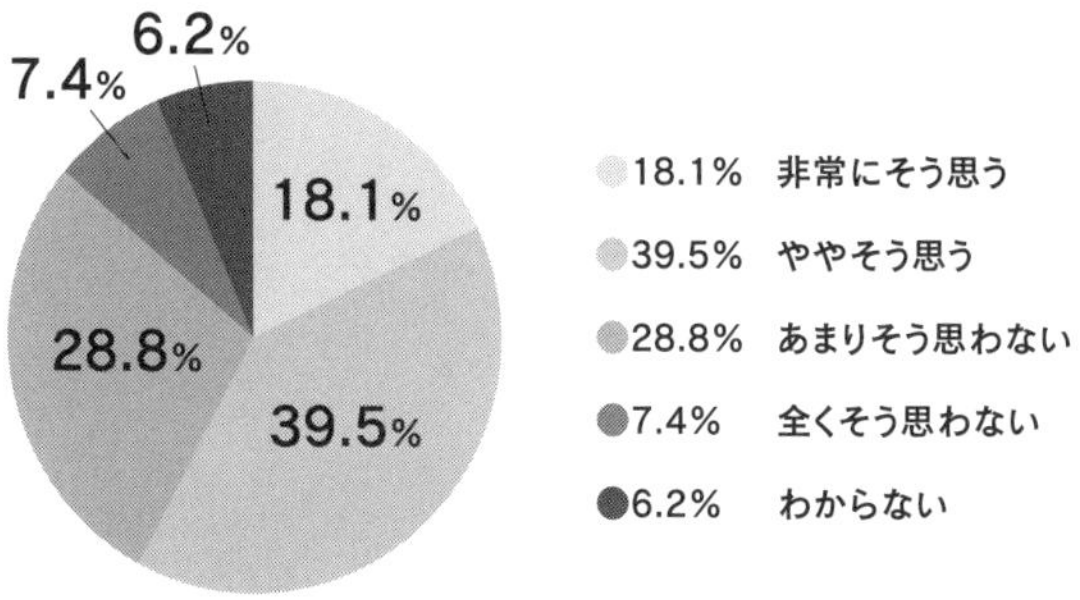

株式会社みらいワークス
調査概要：「企業の業務委託利用」に関する実態調査／調査方法：インターネット調査
調査期間：2022年3月10日〜同年3月14日／有効回答：業務委託契約の決裁権を持つ事業部長・経営者・役員403名

人材」と専門知識を持つ「業務委託人材」の活用、今後は社会としてどちらが活発になりそうかの見立てを尋ねてみると、約6割の経営者が「業務委託人材」と答えているのです。近い将来、「新卒人材」よりも、プロの「業務委託人材」を積極的に起用する企業は増えていくと予想されます。

1人のビジネスパーソンが仕事を通じて得る知識やノウハウは、いわば原石のようなものです。もしかしたらその〝石〟は、その会社では常識的なもので、まったく代わり映えしない最低限のスペックに見えるかもしれません。でも、視点を変えれば、その石は磨けば光る〝宝石〟になるかもしれないのです。

今いる場所では、自分の能力は単なる〝石〟に過ぎないけれど、働く場所を変えれば、それは〝宝石〟になるかもしれない。

だからこそ、人は企業や業界、土地を移動していかなくてはならないのです。自分の〝石〟を必要としている人々はどこにいるのか。どこに行けば、この〝石〟はさらに磨かれ、輝き始めるのか。自分の持つ「万能チケット」が、どこにでも通用するものになるためには、どうすればいいのか。

だからこそ私は皆さんに「副業」「兼業」「転職」をお勧めしているのです。

ポータブルスキルで生き抜くフリーランス

ただ一方では、「転職したい」と思いつつ、「転職できない」事情を背負っている人もいるでしょう。「今ある〝安定〟を手放せない」「転職で成功するのは、一部のバリキャリだけだろう」「家族（配偶者）に反対される」「転職したくても、日々の業務で忙しくて、転職活動ができない」「この年齢では、どこも採ってくれないだろう」など、いろいろな思いもあるはずです。

分かります。天からの声で、「この転職は人生最大の成功ですよ」とお墨付きをもらえない以上、あらゆる選択は、リスクを伴います。本当に今ある安定を手放した先に、幸せが待っているのか。この本に書いてあることを、本当に信じていいのか？そんな疑念もあるでしょう。しかしだからこそ、恐る恐るでも最初の一歩を踏み出してほしいのです。

では実際に、「ポータブルスキル」を使って生き抜いている人たちは、どのような判断で、彼らなりの道を選んだのかを見てみましょう。

フリーランス人材に、「どうしてフリーランスを選んだのですか」と聞いてみると、**「自分で仕事を選べるから」**というのが理由の上位に挙がります。

組織や会社にいれば、給料をもらっている手前、与えられた仕事を「これはいやです」と断ることはできません。別の見方をすれば、少々いやでも、与えられた仕事さえ頑張れば、毎月同じお給料をもらえて、昇給もしていく仕組みだということですね。

しかし、フリーランスになれば、「仕事を選ぶ」ことができるようになります。安定したポジションや、毎月決まった給料が得られる権利を失う代わりに、「自分の意に染まぬ仕事はやらない」という選択をすることができる。

いくら依頼主が大企業でも、提示された報酬が高くても、その企業の方針に違和感を覚えたり、社会的に共感できない仕事だったりすれば、「この仕事は受けない」と断ることができるのです。

逆に言えば、フリーランス人材はプロジェクトに社会的意義があったり、共感を覚えたりすれば、仕事を引き受けます。知名度が多少なかろうが、報酬が多少低かろうが、それこそが彼らの「ライフワーク」であり、自らの「ポータブルスキル」を更新できるチャンスだと分かっているからです。

優秀な個人の争奪戦が始まる

人々が企業を選ぶ基準も、変化してきています。今の20代と話していると、自分が学生だった頃とは、意識も感覚も価値観も全く違ってきていることに、正直驚かされます。

彼らの多くは「働くのはお金のためではない」と言います。もちろんお金があればあったに越したことはないけれど、それ以上に「社会的に意義のあることをやりたい」「自分の仕事が日本の未来を創っていると実感したい」と堂々と口にするのです。

学校教育でも、環境問題やＳＤＧｓがメインテーマとして扱われる時代です。私たち世代が「やらなければ」という義務感から取り組みがちなＳＤＧｓも、若い人々は前のめりで関わっていきたいと目を輝かせています。

そんな若い世代が、企業を選ぶ際に大切にしているのは、社が掲げる「ミッション」「ビジョン」「パーパス」です。

「我々のやっている仕事は社会に対して、どういう意味を持っているのか」

「この会社に属することで、社会をどう変えていけるのか」

こうしたビジョンを明確にし、そこに共感してもらう努力が、企業の側にも求められていくのです。

経済成長華やかなりし頃は、「企業名」や「給与」で学生は就職先を選んできました。

銀行の、商社の、証券会社の、誰もが知っている企業名。そこに就職すれば、おのずと給与も高くなり、福利厚生も手厚く、生涯にわたり大切に雇用してくれる……。

そんな思いから優秀な学生は集まりましたし、企業側もそんな彼らを上位から順に採用していけば良かったのです。

しかし、そうした社会的「勝ち組」シナリオは、もはや若者のモチベーションにはならなくなってきています。

今までは「どんな人材を選ぶか」「いかにして社員を囲い込むか」という発想で社員と向き合っていた企業も、これからは、「いかにして人材に選ばれる存在になるか」を考え抜く必要があります。「高い報酬さえ払えば、若者は喜んで来るだろう」という単純な見通しは、通用しなくなっていくということです。

新型コロナウイルスの感染拡大を通じ、人々は「働き方は1つではない」ことも知りました。「100％の出社」や「リモートワーク不可」を強制すれば、それだけで就職や転職先として選ばれなくなっていくでしょう。

マクロ的視点で見ても、労働人口は今後も減少し続けます。男性も女性も外国人も

図3-2｜8割超の企業が業務委託人材の必要性を認識

質問　**あなたのお勤め先では、今後プロ人材の業務委託が必要になってくると思いますか？**

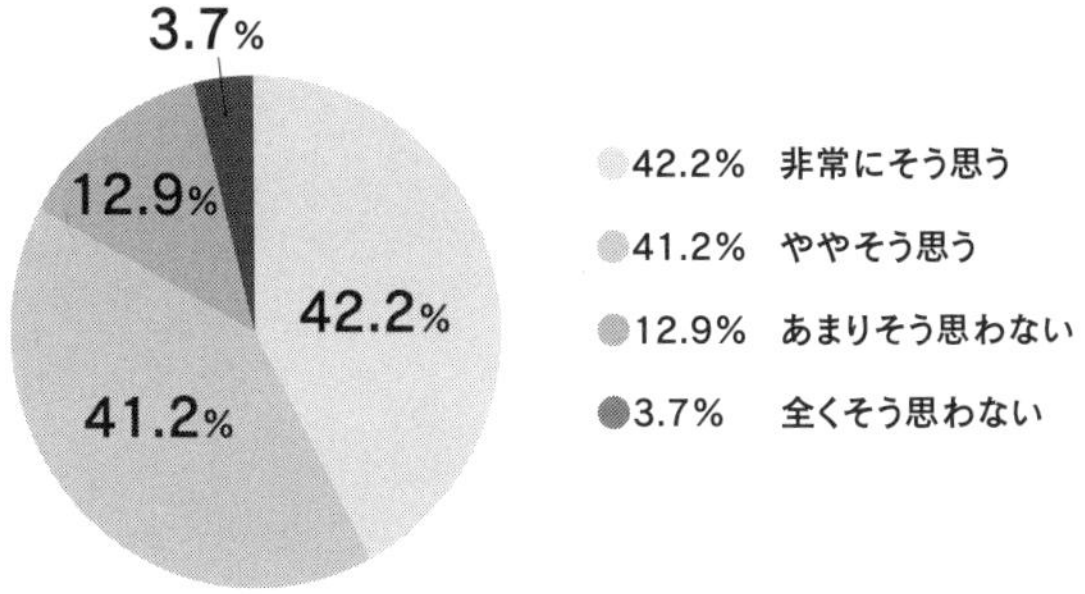

株式会社みらいワークス
調査概要：「企業の業務委託利用」に関する実態調査 / 調査方法：インターネット調査
調査期間：2022年3月10日〜同年3月14日 / 有効回答：業務委託契約の決裁権を持つ事業部長・経営者・役員403名

ひっくるめて、日本中で人材の争奪戦が始まっていきます。「この環境でこそ、働きたい！」と思ってもらえない企業は、その争奪戦にすら参加できないのです。

実際に企業の側も、今後「フリーランス人材の業務委託採用」を増やしていく意向を示しています。みらいワークスがインターネットで独自に行った「企業の業務委託利用」に関する実態調査では、回答した４０３人の事業部長・経営者・役員４０３人のうち８割以上が「今後プロ人材の業務委託が必要になってくるだろう」と予想しています。

「時間」×「スキル」×「興味」で飛躍的に成長できる

企業から離れ、フリーランス人材として渡り合うことのメリットは、「自分のやりたい仕事をやれる」以外にもあります。

多くのフリーランス人材に取材してみると、その答えが見えてきます。メリットとしてさらに彼らが挙げるのは**「時間を効率的に使える」「より多く稼げる」**こと、そして**「自分の成長が感じられる」**ことです。

これは私自身もフリーランスとして働いてきたからこその実感なのですが、「複数の企業・プロジェクトに参画するほうが、著しく成長する」のです。

様々な環境で働く経験をすると、仕事の実力は、足し算よりむしろ掛け算的に向上していきます。A社で培った「知識」「スキル」に、B社のプロジェクトを通じて得た「視野」が掛け合わされ、C社で「新たな課題」に直面する。これらを生身で経験し、かつ繰り返していくことで、企業に対して「できること」「提供できること」は飛躍的に伸びていきます。
その感覚を一度でも味わった人は、その醍醐味、成長の嬉しさ、仕事のやりがいが癖になっていきます。転職や副業を経験した人は、たった1回で満足するということがありません。どんなに長い時間働いていても、わずか1社の経験だけでは、働き方や価値観が広がらないことを知っているからです。

今後は優秀な人材であればあるほど、**自らのスキルや時間をポートフォリオ的に振り分ける働き方**を選ぶ人が増えていくことでしょう。

例えば、平日は本業に従事しながら週末は自宅で副業をしたり、週の3日はA社の仕事をこなして残りの2日はB社とC社の仕事を請け負ったり。あるいはA社でプロジェクトを成功させたのち、今度はB社のプロジェクトに参画していくといったように、自らの持てる「時間」「スキル」「興味」を掛け合わせて仕事を進めていく人が増えていくはずです。

1社だけにとらわれていると、チャンスは限られてしまいます。企業に「欲しい人材」として確保される側に回るためには、意識的に自分の「ポータブルスキル」を磨いていく努力が欠かせないのです。

「人材の流動性」が異様に低い日本

そんな人々の意識の変化を背景に、徐々に世の中の転職意欲が高まっているというデータもあります。「労働力調査（総務省統計局）」によると、日本人の「転職等希望者数」は、2021年時点で889万人。直近の5年間で、約1割も増加しているそうです。

ただ、実際にどれくらいの数が転職をしたかを見ると、残念な結果になっています。2021年の「転職者数」はわずか288万人。「転職したい」889万人にはるか及びません。日本の転職者数は、長らく少ない状態のまま、横ばいの状態が続いているのです。

「転職したい」人は増えているのに、実際に「転職した」人はなかなか増えない。

そんなアンバランスな現実が、日本社会の現状なのです。

ここからは、そんな「転職したいのに、転職できない」日本人の多さが、実際に日本経済・産業にどのような影響を与えているかを、見ていきましょう。

最近、日本人の「労働生産性」の低さが話題になっていますが、それと同じくらい特殊なのが、「1社に勤め続ける」日本人独特の美学です。同「労働力調査」によると、2021年時点で日本の「転職者数」は、労働人口のわずか4・3%を占めるのみです。

一方、「転職大国」のアメリカは、言わずと知れたイノベーション大国。GAFAMは世界中の人々の生活、行動様式、経済産業構造を根底から変化させました。ヨーロッパ先進諸国もまた、経済や政治、文化の最先端の地位を譲ってはいません。

そんな社会や時代を変えるイノベーションを興したり、世界的に政治や経済の中心に立ち続けたりするのに不可欠なこと、それが**「人材の流動性」**です。

アメリカ人の平均在職年数は、約4年と言われています。1つの企業に就職しても、平均して4年程度で、また次の職場に転職していく人が非常に多い。もちろん中には勤続20年、30年というベテラン勢もいますが、数年で転職していくこと自体は、ごく当たり前の光景です。むしろ転職を重ねることで、スキルアップや経験値を積み重ねていくのが彼らの流儀。企業を退職後に起業したり、フリーランスとして働き始めたりする人も少なくありません。

ちなみに日本の労働市場における「フリーランス」の比率は、全就業者中、わずか3％にすぎませんが、対するアメリカは、6・9％と、倍以上。(「政策課題分析シリーズ17 日本のフリーランスについて」内閣府政策統括官 令和元年)。またヨーロッパも、日本式の新卒一括採用・終身雇用制度はないので、人々は転職をすることで、スキルアップしていく文化を持っています。

「女性活躍」に希望の光が差す

先進国の中でもハイスピードで少子高齢化社会に突入している日本は、今後確実に労働力不足に陥っていきます。すでに飲食店や製造業、介護をはじめ、様々な分野で「人手不足」は深刻化しており、だからこそ国は外国人労働者や高齢者の労働力を確保しようと、あの手この手で対策を練っているのです。

でも、ちょっと待ってください。外国人や高齢者もいいですが、一番身近に、その能力・ポテンシャルを活かせず足踏みをしている人々がいるのではないでしょうか。そう、世の中の男性とほぼ同数存在する、女性たちです。

かつての日本では、一度キャリアを中断した女性が再び企業で活躍する土壌はほとんど整っていませんでした。しかし、会社にとらわれない働き方が広まれば、多くの女性にとってプラスに作用していくはずです。

これまで女性のキャリア形成は、男性と比べて難しいものでした。男性と同様に頑張って就職して、身を粉にして働いても、妊娠・出産・育児期間という〝停滞〟の時期にはどうしても〝男女平等〟とはいかないのが現状です。

子どもを保育園に預けて働きたくても、待機児童問題で預けられない、預けられても遠方の幼稚園だったり、兄弟姉妹が別々の園になったりすれば、日々の送迎のハードルは高くなります。子どもが発熱したとなれば、仕事を中断して駆けつけなくてはなりません。なんとか会社での籍は確保できても、社内の出世レースからは外れざるをえないこともあるのではないでしょうか。

ビジネスパーソンにとって、キャリアの中断はその後の働き方に大きく影響します。デジタル技術の進歩が目覚ましい時代には、5年も職場を離れていれば、また一から学び直す必要も多いでしょう。

たしかに会社の論理からすれば「使いづらい」という声もあるかもしれません。時短で早く帰る社員の負担が、独身社員に降りかかる……などの不満の声も上がってきます。

それでも会社全体、日本経済全体から見れば、こうした「女性」の活躍の機会を損なうことのデメリット、経済的損失は計り知れません。

家庭の事情は千差万別ですが、従来式の日本企業の働き方は、やはり今後変えていかなくてはならないと強く感じています。

「仕事」か「子育て」か、女性は決断を迫られてきた

そんな日本の「女性の社会進出」は、異常に発達していないことで有名です。日本の女性の就業率・労働力率は、いわゆる「M字カーブ」を描きます。大学卒業

図3-3｜日本の女性の労働力率は「M字」を描く

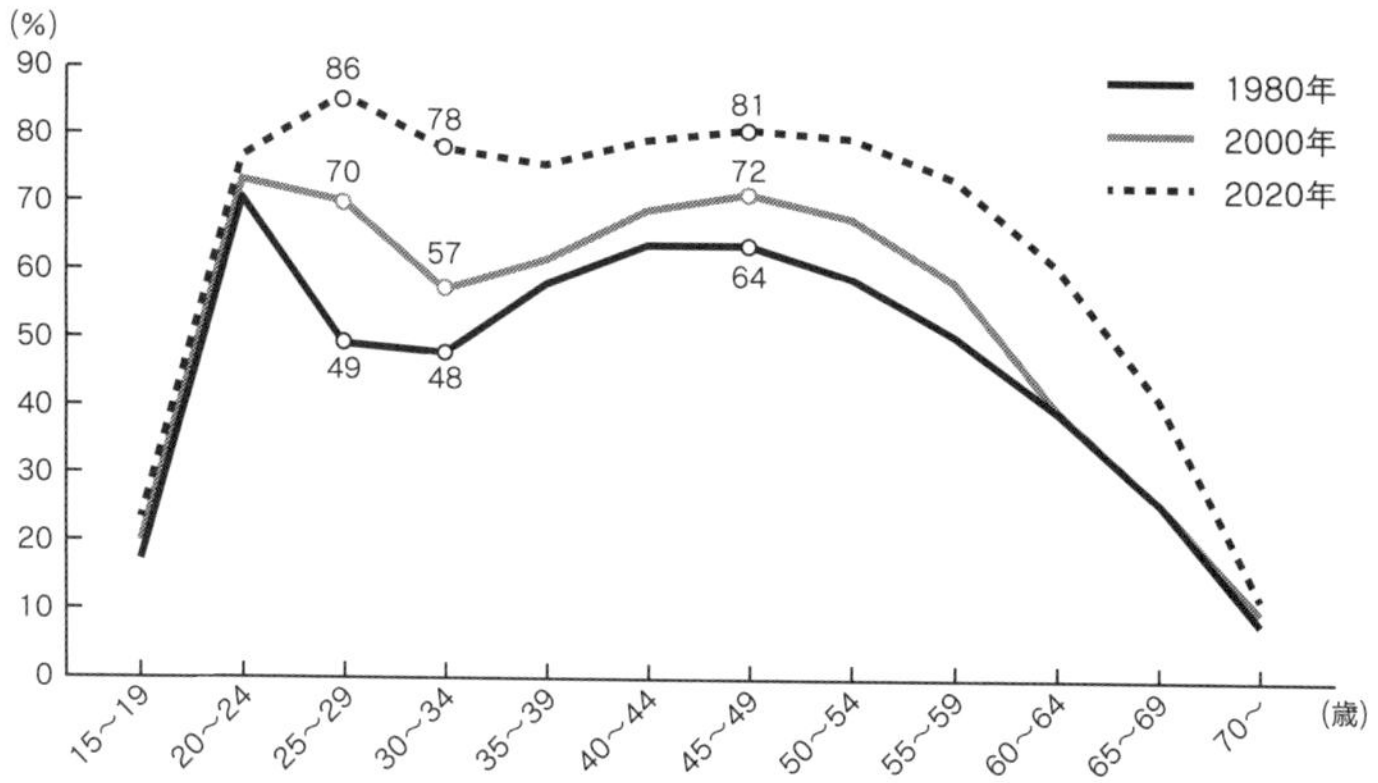

1．総務省「労働力調査(基本集計)」より作成。
2．労働力率は「労働力人口(就業者＋完全失業者)」／「15歳以上人口」×100。
出典：内閣府ウェブサイト「男女共同参画白書(令和3年度版)」
(https://www.gender.go.jp/about_danjo/whitepaper/index.html)を加工して作成

後の20～30代前半にバリバリ働き、その後結婚や出産、育児期にいったん仕事を辞め、専業主婦となる。そして子どもが巣立ったら、再び40～60代前半に仕事に就く……。その結果、就業率・労働力率が「M字」を描くわけです。

近年は、国も「女性活躍」を掲げ、男性の育児休暇取得を推進するなど一生懸命で、その結果、徐々に働き続ける女性も増えてきています。「M字」の真ん中が少しずつ押し上げられ、形の歪んだ「台形」に近づきつつあるのです。

内閣府の「男女共同参画白書　令和3年版」を見ると、1980年には、20代後半の女性の労働力率は、5割弱（49・2％）でした。しかし、2020年には8割以上（85・9％）にまで急増しています。

同様に、M字の底辺を成す30代前半女性も、1980年には5割弱（48・2％）しか就労していませんが、40年後の2020年には8割弱（77・8％）もの女性が就労しているのです。

働き盛りの女性の多くは非正規雇用に

ただし、これを見て「女性の社会進出が進んだ！」と喜んでばかりもいられません。なぜならここには、2つの深刻な問題が隠れているからです。

1つ目は、女性の晩婚化や出産時期の高齢化が進んだこと、あるいはそもそも生涯独身の人や、結婚しても子どもを持たない夫婦が増えたことです。

かつての女性はクリスマスケーキになぞらえられ、24（歳）まではよく売れるが、25（歳）を過ぎると価値が薄れていく……という、今ではとても考えられないような風説が、世の中に流布していました。でも、現代では「20代で結婚・出産」ばかりが選択肢ではなくなりました。「30代で結婚・出産」「40代で結婚・出産」も増えています。「生涯独身」「生涯子なし」も増えています。

もちろん、結婚や家庭に関する価値観は人それぞれです。しかし、もし「本当は子どもが欲しかった」けれども、仕事とのタイミングでできなかった人も、この中に含まれているとすれば、それはとても残念で悲しいことです。そうした現状が、日本の少子化に少なからず影響してきているとしたら……、これは「女性活躍」だけの話ではなくなってきます。

もう1つの問題は、仮に「就業率・労働力率」は高まっても、少なくない割合が、非正規雇用者（パートやアルバイトなどを含む）として働いているという実態です。

内閣府男女共同参画局の『男女共同参画白書　令和3年版』には、非正規雇用者として働く人々の男女比も示されています。

この図を見ると、男女ともに65歳を過ぎると、労働の形はもっぱら「非正規雇用」が増えていくことが分かります（男性：72・0％、女性：82・0％）。

特に問題なのは、「働き盛り」である30～50代の働き方です。２０１９年の男性労

図3-4 女性と男性の非正規雇用者の割合の比較

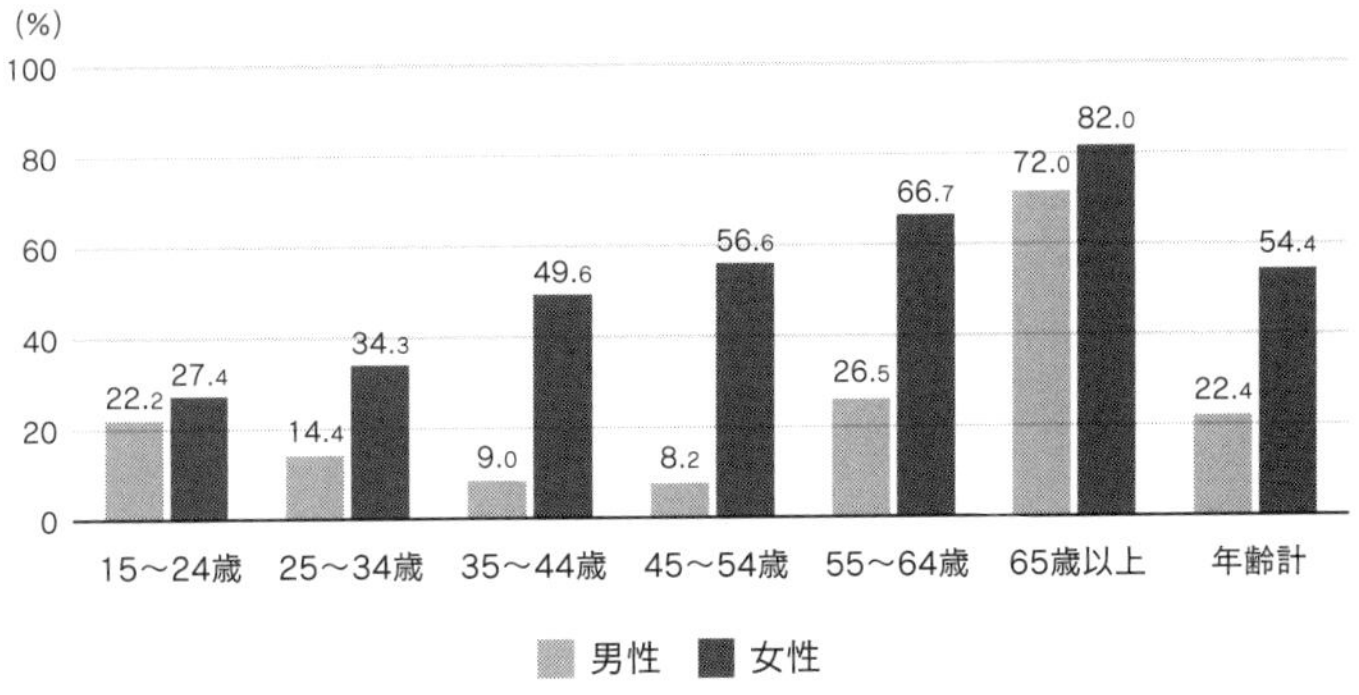

出典：内閣府ウェブサイト「男女共同参画白書(令和3年度版)」
(https://www.gender.go.jp/about_danjo/whitepaper/index.html)を加工して作成

働者35〜44歳中、非正規雇用が占める割合は1割弱（9・0％）と少数ですが、女性は約5割（49・6％）も占めています。さらに45〜54歳の男性の非正規雇用者8・2％に対して、なんと女性は56・6％なのです！　55〜64歳に至っては66・7％とさらに増加しています（男性は26・5％）。

いかがでしょう。1985年に「男女雇用機会均等法」が制定され、建前上は働くうえで男女の差別はないことになりました。しかし、現実的には、家庭で家事・育児に従事する割合は圧倒的に女性が高い以上、職場でいくら「平等」を謳われても、その場に参戦することすらままならない女性は、今も大勢存在するというわけです。いわゆる「年収○○万円の壁」に代表される、配偶者控除・配偶者特別控除などの数々の税制の仕組みも、今では結果として、女性の社会進出を遅らせている要因の1つとなってしまっているかもしれません。

子育てとキャリアの両立を目指す女性の皆さんに、生き生きと働いてもらえる社会環境を整えることで、日本はもっと元気になっていくはずなのです。

ハイスペック「ママ・ワーカー」を呼び戻す

みらいワークスでは、現在約200人（業務委託・パートナーも含む）の社員のうち、20人ほどの「ママさんワーカー」が働いてくださっています。皆さん、こう言っては何ですが、非常にハイスペックの方ばかりです。いわゆる高学歴で、大手企業でバリバリ働いてこられて、スキルも知識も申し分ない。にもかかわらず、フルタイムで働けないがゆえに、一般的な正社員市場での評価は決して適正だとは言えないのが現状です。

なぜ、こんなハイスペックワーカーが労働市場で評価されていないのか、そもそも「評価」される市場にも登場できていないのか、私はつくづく疑問ですし、これ以上ないくらい、もったいない話だと思っています。

「子どもがいる女性は、残業や転勤、地方出張ができないから」
「子どもが高熱を出したら、すぐお迎えに行かなくてはならないんでしょう？」
「時短でしか働けないと言われると、他の社員にしわ寄せが行くから」
既婚の女性や子どもを持つ女性の採用に後ろ向きな理由として、企業はいろいろな事情を挙げます。

でも、私は、どれもこれも些末《さまつ》な事情にすぎないと考えています。

残業・転勤・地方出張ができないのは、男女問わず家庭の事情で変わってきます。そもそも子どもが発熱したら、なぜ母親が迎えに行く前提なのでしょう？　時短・就業時間の縛りも、その範囲で成果を出してもらえるよう、企業側に工夫の余地は本当にないのでしょうか。

ちなみに、みらいワークスのママさんワーカーの中には、完全オンラインで仕事をしつつ、「17～21時は子どもの夕飯・風呂時間なので仕事はできません。でも仕事はきっちりこなします」と、時間を柔軟に調整する人や、「子どもが寝た後に仕事を仕上げる」ことを決めている人も複数います。

最初は「子育ての比率が大きいのでパートタイムで」始め、「子どもが成長したら正社員に」という選択をする人もいます。「東京オフィスには原則出社せず、北海道からフルリモートで全作業をこなす正社員」もいます。

子育てのステージは数年単位で移り変わります。乳幼児期の保育園通園、小学生時期、中学生時期と、親に求められる任務も、時間も変わってくるのです。当然、仕事の「稼働可能時間」も変わりますし、「対応可能な仕事内容」も変化していきます。

そこは企業側が「9時～17時・原則出社・残業必須」という紋切り型のスタンスを捨てられるかどうかだけの話です。

なによりも、その原則にこだわることの弊害は、今後はむしろ企業側に降りかかっていくはずです。「高度人材を手に入れられない」という悲痛な叫びは、年々増していっているのですから。

東京から地方に、活力を分散せよ！

日本の産業を発展させるために大切なのは、「人材の流動性」です。

では、どこからどこへ、人材を流していくか。

それを示すキーワードが、**「東京一極集中の是正」**と、**「地方創生」**です。


「日本のGDPを上げろ！」という話が出ると、つい新聞の見出しを彩る大企業にばかり目が行きがちですが、全国に点在する地方の中小企業がもっと活力を取り戻せば、日本のGDPは確実に成長をしていけるはずなのです。

では、どうすれば地方の中小企業が活性化するか。

国を挙げて交付金や支援金を出せ、という話ではありません。実力のない中小企業は潰れるべき、という物騒な助言もいたしません。なぜなら、シンプルに、働く人々が都市圏と地方、大企業と中小企業を行き来すればいいだけの話なのですから。

地方・中小企業は、あなたのスキルを求めている

「日本企業のホワイトカラーは生産性が低い」と、ここ数十年間言われ続けてきました。でも、私はずっと不思議だったのです。本来、真面目で優秀なはずの日本人が、これだけ長時間労働して、TOYOTAの「カイゼン」に代表される業務改善や、DX（デジタル・トランスフォーメーション）など生産性の向上に努めているのに、その成果が出てこない、GDPが伸びないのはなぜなのかと。かつて世界から賞賛された日本の産業力はどこに消えてしまったのでしょうか。

その原因の一端は、企業と個人の、スキルとやる気のミスマッチングではないかと今は考えています。本来優秀な、学べばもっと成長できるはずの人材を生涯囲い込んできた日本企業・社会の慣習が、日本経済全体の生産性、働く人々の向上心を抑圧しているのではないかと。

日本は中小企業を多く抱える国です。日々のニュースや新聞のタイトルを彩るような大企業はほんの一にぎりで、残りの99・7%は全国に散らばる中小企業が占めているのです（また、都道府県別の「県民経済計算」〔内閣府〕を参照すると、日本のGDPの約35%を東京・大阪・愛知といった大都市圏が稼ぎ出していることが分かります。しかし、それは裏を返せば、その他の7割弱は、その他の地方に散らばる企業が地道に稼いでいるということに他なりません）。だとすれば、「地方」＋「中小企業」がもっと力を盛り返せば、日本経済も大きく息を吹き返すはずではないでしょうか。これが、日本企業の99・7%を占める中小企業に、もっと人材を送り込みたいと私が考える所以《ゆえん》です。

私自身、地方の中小企業や地銀、自治体に赴くと、今でも驚くような場面に直面することがあります。例えば、地方のとある企業で名刺交換をした時のことです。来る人来る人の名刺に、みんな同じメールアドレスが書かれているということがありました。部署で1つのメアド、下手をしたら会社で1つのメアドしかないのです。これで一体どうやって仕事をしているんだろうと首をかしげました。

ある地方企業から、当社へファクスが届いたこともありました。しかもその直後、当の担当者から電話もいただき、「私のメールアドレスをファクスしておいたので、ご確認ください」とおっしゃるのです。

メールアドレスをファクス？？？

私の頭の中にはいくつもの「？」マークが浮かび上がりました。

でも、よくよく考えてみれば、それも不思議ではないかもしれません。

例えば70代の創業者が、同年代の部下数人と会社を運営しているといった場合、必ずしもＩＴを駆使しなくても、電話とファクスで事足りるという状況は、十分ありえます（生産性の高い低いは別として）。

でももし、こういう会社に東京の企業で働く人が、副業なり転職なりで参加したらどうなるでしょうか。日頃からグーグルやセールスフォースを使いこなし、クラウドシステムも使い倒している人です。日常の業務スキルが、ところ変われば重宝される特殊スキルとなることが十分お分かりになると思います。

地方企業の中には、この25年間ほど、ＩＴやデジタル技術を一切活用してこなかった……というところも少なくありません。

しかし、それは裏を返せば、「25年間分の伸びしろ」があるということです。たった1人でも、ITに詳しい人物が加われば、成長が爆発的に加速する可能性が大いにあります。都市部の企業で働く人が地方に行くと、その企業だけではなく、その街・その地域でもっともデジタルに詳しい人になるということもザラなのです。

もし、本書を読んでいるあなたが、「自分のスキルなど取るに足らない」などと思っているのなら、どうかそんな思い込みは捨ててください。あなたが特に「すごい」と思っていなくても、そのスキルや能力、経験を活かせる場所が、必ずどこかにあるはずなのです。

「働く人」が移動すれば、日本の経済は復活する

超スピードで人口減少が進む時代が訪れてしまいました。地方からは活力が失われ、私がかつて多くの地方都市で目にしたような、駅前のシャッター通りの光景が、急速に広がっています。

私はこの流れを変えたいのです。かつての高度経済成長期には、大勢の若者たちが

列車に乗って都会を目指し、集団就職を果たしました。今こそ、その夢や希望、若い力を、地方に還元すべき時ではないでしょうか。

と言っても何も当時の逆張りで、都心勤めの人に地方移住してほしいというわけではありません。先ほど「人材の流動性」の大切さを説明してきましたが、今の時代、リアルに地方に散らばる必要すらありません。東京だろうと北海道だろうと九州だろうと、住んでいる土地は関係なく、スムーズに仕事をできる時代になりました。東京に住みながらオンラインで地方自治体のプロジェクトに参加したり、北海道や九州に住みながら本州の企業にフルリモートで就職したり、多様な働き方はすでに十分可能になっているのです。

これまで首都圏の大企業が吸い上げてきた質の高い労働力、知識、スキルアップの環境を、地方の中小企業に広めていけば、日本の産業は息を吹き返すはずです。

大企業⇕中小企業、外資系企業⇕日本の伝統産業、スタートアップ⇕老舗企業……、多様なベクトルで人材は移動していけるはずです。そうなれば、どんなに面白い化学反応が起きることでしょう。

人材が流動していけば、自然と成長産業に人も集まるでしょう。将来的にＧＡＦＡＭにも対抗できるような、日本のＧＤＰを強力に押し上げていける企業も誕生するはずです。そんな日本の未来予想図に、ワクワクするのは私だけではないはずです。

さて、こうした「人材の流動性」を実践している一例として、本章の最後に、個別インタビューの第一弾を掲載いたしました。女性としてキャリアを試行錯誤してきた石田さんが見つけた、「新しい時代の働き方」とはどのようなものでしょうか。

［個別インタビュー①］フリーランスの本音

「結婚」「子育て」と「フリーランス」を自由に組み合わせる働き方

石田さん（40代・女性）

正社員経験4回、フリーランス経験2回の石田さんは、ライフスタイルに応じて柔軟に働き方を変えてきた。「女性こそ、フリーランスという働き方を柔軟に活用してほしい！」と語る石田さんに、人生100年時代のキャリアデザインのコツを話してもらった。

［経歴］

新卒20代　企業に就職（人材業界・3年）
25歳　2社目に転職（人材業界・6年）
30代前半　独立、フリーランスに（人材業、キャリアコンサルタント・5年）
30代後半　結婚を機に再び企業に就職（人材業界・2年）
40歳前後　妊活・出産・育児の期間に2回目のフリーランスに（2年）
40代前半　子どもが1歳になるタイミングで4回目の就職

Q1　正社員として4社、フリーランス経験を2回と、かなり柔軟な働き方をされてきていますが、転職や独立する時に、不安はありましたか。

石田　もともと「いつかフリーランスになりたい」と思っていたんです。20代で就職した企業は、かなりのハードワークでしたが、将来独立するうえでの基礎部分を本格的に鍛えてもらったと感じています。同僚や先輩たちの中にも、数年働いたのちに独立していく人が多かったので、転職や独立に際して特に不安はありませんでした。

Q2　独立前に、何か準備したことはありますか。

石田　「独立」といっても店舗を構えるわけでもなく、独立資金もほとんどかかりませんでした。法人化せず個人事業として、採用コンサルや営業コンサル、人材サービスの立ち上げ支援などを行ってきました。あとは「キャリア教育」に関わりたくて自らキャリア支援スクールを立ち上げたり、大学の講師としてキャリアデザインの授業を受け持ったりもしました。意識的に、仕事の幅を広げる工夫をしていた頃でもあったので、いろいろチャレンジできて楽しかったです。

Q3　最初に独立してから、5年を経て再び企業に就職したのはなぜですか。

石田　きっかけは結婚でした。よく「結婚を機にフリーランスになる」という話は聞きますが、私の場合は逆でした。フリーランス時代は自由度高く働ける反面、ついついのめり込んでしまうことも。気づけば土日もほとんど休みなしの状態だったので、結婚を機に一度ちゃんとした生活リズムに戻そうと考えました。

Q4　40歳前後で再びフリーランスになられています。年齢的に躊躇されることはありませんでしたか。

石田　2度目の独立は、主に妊活のためです。いつかは子どもが欲しいと40歳を手前に妊活を始めましたが、会社勤めと病院通いの時間のやりくりがきつくて。そのため、自分で仕事量を調整できるフリーランスに戻りました。おかげさまで無事、妊娠することができました。出産後もしばらくは育児に手がかかるので、フリーランスとして働き続けました。子どもが1歳になり、保育園の延長保育を利用できるようになったタイミングで、再び就職して、現在に至ります。

Q5　1回目と2回目のフリーランスの時期で、働き方は変わりましたか。

石田　だいぶ変わりました。最初にフリーランスになった時は、まだ若く独身でもあったので、思う存分仕事に専念していました。ありがたいことに依頼も年々増えていったので、毎日忙しく駆け回っていましたね。企業の採用コンサルや営業コンサル、人材サービスの立ち上げ支援など複数企業と仕事をしていたこともあり、ほぼ毎日異なる企業に足を運んでいる感じでした。月曜はA社、火曜はB社、水曜は大学というように。収入も企業勤めの頃よりもだいぶアップしました。

でも2回目にフリーランスになった一番の目的は、妊活・出産・子育てです。仕事内容や働く時間・場所を調整しながら、働き方を工夫しました。

取引先企業に赴くのは必要最低限にとどめることや、数多くの仕事を並行せず「パフォーマンスを出せるもの」に集中して仕事を受けることなどを意識しました。閉鎖的になりやすい子育てとは対照的に、いろいろな人と接するので、気分転換にもなりました。お気に入りのカフェやシェアオフィスで作業するなどのリフレッシュもできたので、「仕事を通じて育児の疲れを癒す」という、出産前とは真逆のバランスのとり方もできていました。

勤務時間もだいぶ減らしました。基本的に18時以降は保育園のお迎え、夕食づくり、入浴、寝かしつけと怒濤の育児タイムに突入するので、仕事は基本的に、18時まで。1か月の労働時間は、80〜120時間程度（単純計算で1日平均3〜4時間くらい）だったと思います。

Q6　フリーランスと、企業での雇用、それぞれの良さを教えてください。

石田　フリーランスの良さは、「仕事を選べること」「自分なりのペースで仕事をできること」です。子育て中は、どうしても子ども優先の生活になります。企業勤めをしながら時短で働く選択肢もありますが、私はより自由度の高いフリーランスを選びました。働く時間が一番短かった時期は、一月80時間程度の勤務時間だったでしょうか。当然、収入はその分減りますが、自分なりのバランスを取れたのは良かったと考えています。

一方、企業で雇用されることの一番のメリットは、「成長機会を与えられる」ことだと思います。フリーランスとして働く場合、どうしても今持っているスキルで勝負せざるをえません。でも、そうなるとアウトプット一辺倒になってしまい、インプットが得られない状況にも陥りがちです。自ら定期的に学び直しをしたり、再度企業に勤めて新領域に挑戦したりといったバランス感覚も必要かもしれません。

さらに収入面での違いですが、正直なところ、高度スキル人材ならば、企業雇用よりもフリーランスのほうが稼げるというのが実感です。いろいろな方のキャリア支援をしている実感値としても、だいたい企業勤めで年収1000万円の方の場合、業務委託になると1200〜1500万円にアップするのが相場です。私自身も、企業勤め時代の年収と比べると、最初の独立時は年収が約2倍にアップしました。2度目の独立の際は、仕事量を減らしたので、当然年収はダウンしましたが……。

Q7 一般的に日本では、年齢が上がれば上がるほど、転職が難しいと言われています。ご自身の転職活動時の実感を教えてください。

石田 転職・フリーランスに関しては、世代ごとに捉え方がだいぶ異なります。例えば今の20代、特にスタートアップ企業に勤める若い世代は、「転職」や「独立」に対して心理的ハードルはかなり低いです。社会の流れもありフリーランスや独立などに抵抗も少なく、飛び込みやすい環境があるかと思います。

私はこれまで300社以上の企業の採用支援と、3000人以上の方の就職・転職支援をしてきました。そうした経験に自分自身の実体験も合わせると、やはり日本社会では「独立」することよりも、独立した後に「正社員に戻る（フリーランスから転職する）」ことのほうがハードルは高いなというのが実感です。一方で転職全般で考えたときに、いまだにハードルとなっているのが「年齢」と「性別」です。求人の年齢制限が撤廃され、男女雇用機会均等法が施行されて35年以上経った今でも、企業は採用時の本音としてこの点を気にしています。年齢が高い方、女性の方（特に小学生以下の子どもがいる女性）にとって転職市場は決して甘くはありません。

フリーランス期間が長くなればなるほど、「自由に仕事をしてきたフリーランスは、組織に馴染まないいんじゃないか」と敬遠されますし、年齢が高い人も「柔軟性がなく新しい環境に馴染まないのでは」と思われる。私のような「子持ちフリーランス・40歳過ぎ」はもはや三重苦でした（苦笑）。

私自身、20~30代の頃は、転職活動で苦労したことはほとんどありませんでした。引く手あまた……と言うと言い過ぎかもしれませんが、就活から採用まで、それほど苦労した記憶はないんです。

でも、子どもができて40歳を過ぎて、フリーランスから再就職するときは、やはり苦労しました。「子どもがいるのに働く必要があるんですか？」とか「子どもがいると、熱が出たりして休みがちにならないですか」などと面接で聞かれたこともあります。子どもがいると分かると、がっかりされるのがこちらにも伝わってきました。そもそも面接にたどり着く前に、書類選考で弾かれてしまうんですよね。それに対しては悔しいというよりも、「ああ、今の私の市場感ってそんなものなんだ」と冷静に気づくことができました。

Q8　ご自身のキャリアに関して、今後のプランを教えていただけますか。

石田　今後は働きながら大学院への進学を目指しています。さらなる知識を身に付けて自分の市場価値を上げていく必要があると考えているからです。

大半の人は40代半ばで、自分のキャリアの頭打ち感を抱きます。私も40代半ばに近づき、自分のキャリアの行き詰まりを感じるようになりました。ならば、自分でこの状況を打破するしかないと思い、これまで積んできた採用やキャリア開発の知見に加え、大学院では組織へのアプローチ手法を学んでいくつもりです。採用だけでは組織は変わらず、正しい組織開発のアプローチが同時に必要だと感じているからです。世の中に必要なことを提供できれば、自分も社会からは必要とされ続けると信じています。

Q9　これまでのご経験を踏まえ、これからキャリアプランを構築していく人に、アドバイスをお願いします。

石田　「20～30代のうちにどれだけスキルを身に付けられるか」で、その後の働き方の自由度が変わってきます。これまで何千もの方々のキャリア変遷を見てきましたが、優秀な大学を出て大企業に就職した方々の「キャリアの末路」も、たくさん見てきました。

一見「勝ち組」でも、長い目で見ればそうとも言い切れないのが、「1社で働き続けてきた50代」です。かつてなら「1社に骨をうずめる」のは美徳であり、「何社も転職してきました」という経歴は敬遠されてきましたが、今はその価値観が逆転しつつあります。「1社しか経験していない」は、「その会社に染まりすぎていて、転職しても馴染まない」と評価されがちなので、アピールポイントではなくマイナスポイントにすらなりつつあります。

「将来伸びていく領域、求人倍率が高い職種をリサーチすること」、転職サイトやエージェントなどを活用して「自分の市場感を知ること」、「外の世界で働いてみること（副業でもOK）」を強くお勧めします。特にIT・インターネット領域の人材は今後も人手不足が続きます。IT領域（ITエンジニア、ITコンサル、ITプロジェクトマネジメントなど）や、インターネット領域（WEBマーケ、プロダクト開発など）のスキルを持つ人材は、今後も引く手あまたの状態なので、そうしたニーズがある分野で、スキルアップを意識していくこともお勧めです。

Q10 特に女性の場合は、結婚・出産・育児で、キャリアが中断されがちです。いわゆる「マミートラック」に陥らないためには、どんな方法があるでしょうか。

石田 とにかく「キャリアの空白期間」をつくらないことです。独身時代は第一線で働いてきた女性たちが、結婚や出産、育児を経て次第にキャリアの第一線から退いてしまうことを「マミートラック」と呼びますが、実際、どれほど多くの有能な女性が

「マミートラック」で労働市場からドロップアウトしてしまっていることか……。

時短制度を活用したりフリーランスになったり、あらゆる手段を講じてでも「キャリアの空白期間」をつくらないでほしいのです。仕事量は思い切り減らしてもいい、月40時間程度でもいいので、「仕事を続けている」という事実を継続してください。加えて伝えたいのは、「仕事と子育てを両立している」事実に、罪悪感を抱かないでほしいということです。

これは昔、私がお世話になった大先輩から言われた言葉でもあるんです。「子どもを保育園に預けて働くことに対して、絶対、罪悪感を持っちゃだめよ」と。実際、私自身も出産後48日から子どもを保育園に預けましたが、内心随分悩みました。周囲から「子どもが可哀想」と思われるのではないかという不安もありました。でも、いざ保育園に通い出したら、子どもは実に楽しそうに毎日を過ごしていました。子育て初体験の私が四六時中一緒にいるより、むしろ保育のプロの方に見守られることで、社会性も抜群な子どもに育ちました。

お子さんが小さい頃はできるだけ手元に置きたいと、ご自身で望まれるならもちろんいいのですが、世の中に流布する「3歳児神話」に負けないでほしいのです。お子さんが成長した後も、ご自身の人生は長く続いていくわけですから。

第4章　ポータブルスキルを見出す

外部からのフィードバックを得られているか？

この章では、いよいよ新しい働き方を、皆さんに示していきます。人生100年時代に、会社組織だけにとらわれずに自由に働いていけるための「ポータブルスキル」の見出し方・身に付け方を、一緒に見ていきましょう。

まず、この章の結論を先にお伝えします。「ポータブルスキル」の習得には、**外部からのフィードバックを得られる環境をつくる**ことが大切です。日々の仕事に対して、上司や同僚から「今回の○○は良かったよ」「この点は、今後も少し改善が必要だね」「今度はこれにチャレンジしてみたら？」というフィードバックが得られているのならばいいですが、大抵の場合、周囲も忙しくて、なかなか他人のことまでケアはできないもの。そういう場合は、今いる会社から少しでいいので、外に踏み出してみることをお勧めします。

今いる環境から外に出ることのメリットは**「フィードバック」が可視化される**ことです。依頼された任務をこなし、その出来がどうだったのか。その評価は社内の人よりも社外の人からの表現のほうがダイレクトです。「すごい良かったです！」「次回もお願いします！」と感謝されるのか、それとも「ありがとうございました」だけで次はないのか。

会社外の仕事の「フィードバック」は、時にドライすぎるくらい明確です。その評価が良ければ、その路線でますます頑張ればいいし、悪ければ「何が悪かったのか」を見つめなおすところから、軌道修正を図ればいい。このサイクルが、「自分のポータブルスキルは一体何か」という疑問に対する答えになっていくのです。

本章では、皆さんが今の環境から、もっともいい形で、外の世界に踏み出すためのマップを示していきたいと思います。

本書を読まれている皆さんの中には、様々なステージの人がいると思います。ダメ出しされないから「俺はできる」と勘違いしたまま働いている人。今の会社で十分な経験とスキルを身に付けているのに、適切な「フィードバック」を得られないがために、その価値に気づいていない人。社外での活動をしたいと思っているものの、何から始めればいいのか分からない人。そもそもフリーランスなんて、一生無縁だと感じている人……。

いずれの段階でも、ここからの話にはどうぞ耳を傾けてほしいのです。今、社会はどのような変化の渦中にいるのか、これからの社会で生き残れる個人とは、どういうスキルとマインドを持つ人なのか。どうかそうした情報をもとに、ご自分のキャリアと照らし合わせて考えてみてください。

フリーランスの姿は目立ちにくい

まず、本書でよく登場する「フリーランス」という言葉について、今一度読者の皆さんと確認しておきましょう。なぜなら「フリーランス」と聞いて想像するものが、人によってだいぶ異なるからです。

彼らに共通しているのは〝**特化したスキル**〟を持っていることです。独自の能力やスキルを持ち、自分なりのオリジナルの働き方、生き方を模索している人々。それが自由な働き方をする人々、つまり「フリーランス」です。

フリーランスと聞くと、カメラマンやデザイナー、ライターなどを想像する人も多いでしょう。最近はフリーランスのアナウンサーなどもいますし、所属事務所を飛び出して、自由な活動を模索する芸能人も増えています。

ただ、「ならばごく一般的な会社員は、到底フリーランスなどになれそうもない」「自分には特殊スキルなんてないから、無理だな」とは、どうぞ考えないでください。

こうした誤った先入観を、まずは本章で打ち砕きたいと思っています。

なぜなら何度も述べているように、会社員が日々の業務で使いこなす知識やスキルも、十分に〝特殊技能〟になりえるからです。正確には、**「これまでの職業生活で培ってきたスキルが、別の環境では〝特殊技能〟として重宝されうる」**と表現するほうが近いでしょう。実際にそれらの技能を使いこなして、「フリーランス」として活躍している人は、すでに大勢います。

ただ、彼らの姿は非常に目立ちにくいという特徴があります。声高に「フリーランス」を公言することもありませんし、多くの場合、テレビや雑誌に登場することもありません。淡々と、粛々と、日々の仕事をこなしているだけです。

本章では、そうした彼ら、彼女らの姿や働き方を可視化していきます。ホワイトカラーのビジネスパーソンでも、十分に「フリーランス」としての働き方は可能であること、挑戦すべき価値があることを伝えたいのです。

語源は「FREE（自由）」＋「LANCE（槍）」

本書では副業や兼業、業務委託やフリーランスなど、「組織に属さず、独自で業務を受注して仕事をしていく人」のことを、総じて「フリーランス」と位置づけます。「フリーランス」、もしくは「フリーランサー」や「フリーエージェント」という呼び方もありますね。そんな彼らの存在を、経済産業省はこのように定義しています。
「実店舗がなく、雇人もいない自営業主や一人社長であって、自身の経験や知識、スキルを活用して収入を得る者を指す」と。かなり的確に言い表していますね。

また、「フリーランス」という定義自体は、グンと広範囲にわたることも分かります。作家や音楽家、俳優や弁護士、スポーツ選手や画家など、実に多種多様。そしてその中には、コンサルタントやIT技術者、企画経営や業務改革など、いわゆるオフィスワーカーも含まれており、この本では主にそうした**「オフィスワーカーとしてのフリーランス」**を扱います。

ちなみに、「フリーランス」の語源は、「FREE（自由）」＋「LANCE（槍）」から来ています。中世において、特定の主君や国家に属さず、諸国を渡り歩き、その時々に応じて戦争に参加した傭兵の存在を指す言葉とされています。決まった組織や上司に生涯仕えるのではなく、都度の契約に応じて報酬を得ていく彼らの姿は、まさに現代の「フリーランス」の姿に重なります。もちろん、その手に持つのは「槍」ではなく、「ポータブルスキル」なわけですが。

ホワイトカラー層は、これまでもっとも「フリーランス」の概念から遠い立場にありました。自ら著述を行ったり、雑誌や新聞でその言論が取り上げられたりするわけでもない、ユーチューブやSNSなどで世論に強く訴えるわけでもない。「フリーランス＝評論家や言論家、ブロガーやユーチューバーなど強烈な〝個性〟や〝特化したスキル〟を持つ人」というイメージからほど遠い場所にいたのが、ホワイトカラー層のビジネスパーソンだったのです。

たしかに、芸能人やユーチューバーとして活躍していくには、強烈な個性やキャラ立ちした何か、が必要かもしれません。でも、企業と協働していくホワイトカラー層に、そうした突出した個性は必要ありません。

むしろ安定したコミュニケーション力や、実直な働きぶり、堅実な計画性、平易な言葉遣いがビジネスパーソンには求められます。つまり、組織で働こうと、個人で働こうと、求められる基本能力は一緒。**「そんな当たり前のこと」と思われそうなビジネスパーソンとしての基礎的能力こそが、実はかけがえのない大切な価値**であり、その多くはすでに皆さんの中に備わっていることを、どうか頭の片隅に置いておいてください。

実は身近で活躍するフリーランス

「そうは言っても、身の周りにフリーランスとして働いている人なんていないよ」という人もいるかもしれません。それもそのはず、彼らフリーランスの存在は、組織で働いていると、目には見えてこないからです。

その傾向は、日本の伝統的な企業になればなるほど強くなりますが、比較的若い企業になってくると、その感覚もだいぶ薄れてきます。メガベンチャーの場合は、相当数の専門職フリーランスと契約して仕事をこなすのが普通です。

図4-1｜企業が業務委託人材を求める理由

質問　**今後プロ人材の業務委託が必要になってくると思う理由を教えてください(複数回答)**

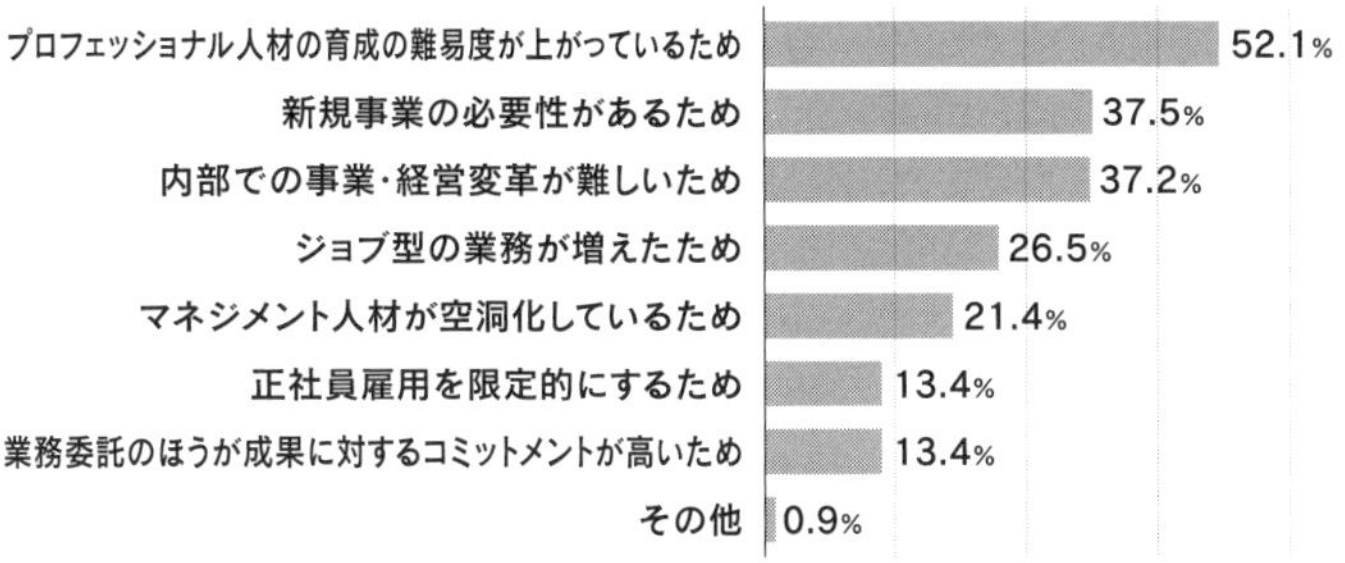

株式会社みらいワークス
調査概要：「企業の業務委託利用」に関する実態調査 / 調査方法：インターネット調査
調査期間：2022年3月10日～同年3月14日
有効回答：業務委託契約の決裁権を持つ事業部長・経営者・役員403名のうち、
（図3-2）の質問に「非常にそう思う」「ややそう思う」と回答した336名

実際、「周囲にフリーランスがいない」と思っている大企業勤めの人も、実は他の部署ですでに多くのフリーランスのプロ人材が活躍しているかもしれませんよ。

例えば、今はやりのDX（デジタル・トランスフォーメーション）部門やIT部門などは、古参の正社員で専門的知識を蓄えている人はそう多くはありません。かといって新人を採用して育成するには時間がかかります。転職市場から専門知識を持つ人材を登用したくても、そう簡単に良い人材が見つからなかったり、望む人員数を揃えられなかったりもするでしょう。なにしろIT人材は、今やどの業界も争奪戦状態です。ならば「多少高単価であっても、確かな知識を持つフリーランスのプロ人材と契約を結ぼう」となるのは、自然な流れではないでしょうか。

実はみらいワークスも、東証プライム上場企業のうち、時価総額トップ10企業のうち6社と契約を結んでいます。これくらいの規模の大企業ともなると、かなりの部署で「フリーランス」が活躍しています。ただ、それを「社員」が意識する機会は少なく、それゆえ「フリーランスで働いている人が身近にいない」感覚につながっているのかもしれません。

ただし、「フリーランス」が活躍できる分野は、今のところ限定的であることも、付け加えておきます。というのも前章で、フリーランスとは「ポータブルスキル」を持ち運べる人材だと説明しました。つまりフリーランスが蓄えているスキルは、押しなべて「ポータブル」なものなのです。

その基準で見るならば、例えば企業の「人事」業務の一部は、基本的にポータブルではありません。従業員の個人情報を外部に持ち出すこともできませんし、短期契約のフリーランスに人事評価や人事異動を任せることもできません。自然とこの領域は

図4-2｜業務委託人材に求める業務内容

質問　プロ人材の業務委託に求める業務を教えてください(複数回答)

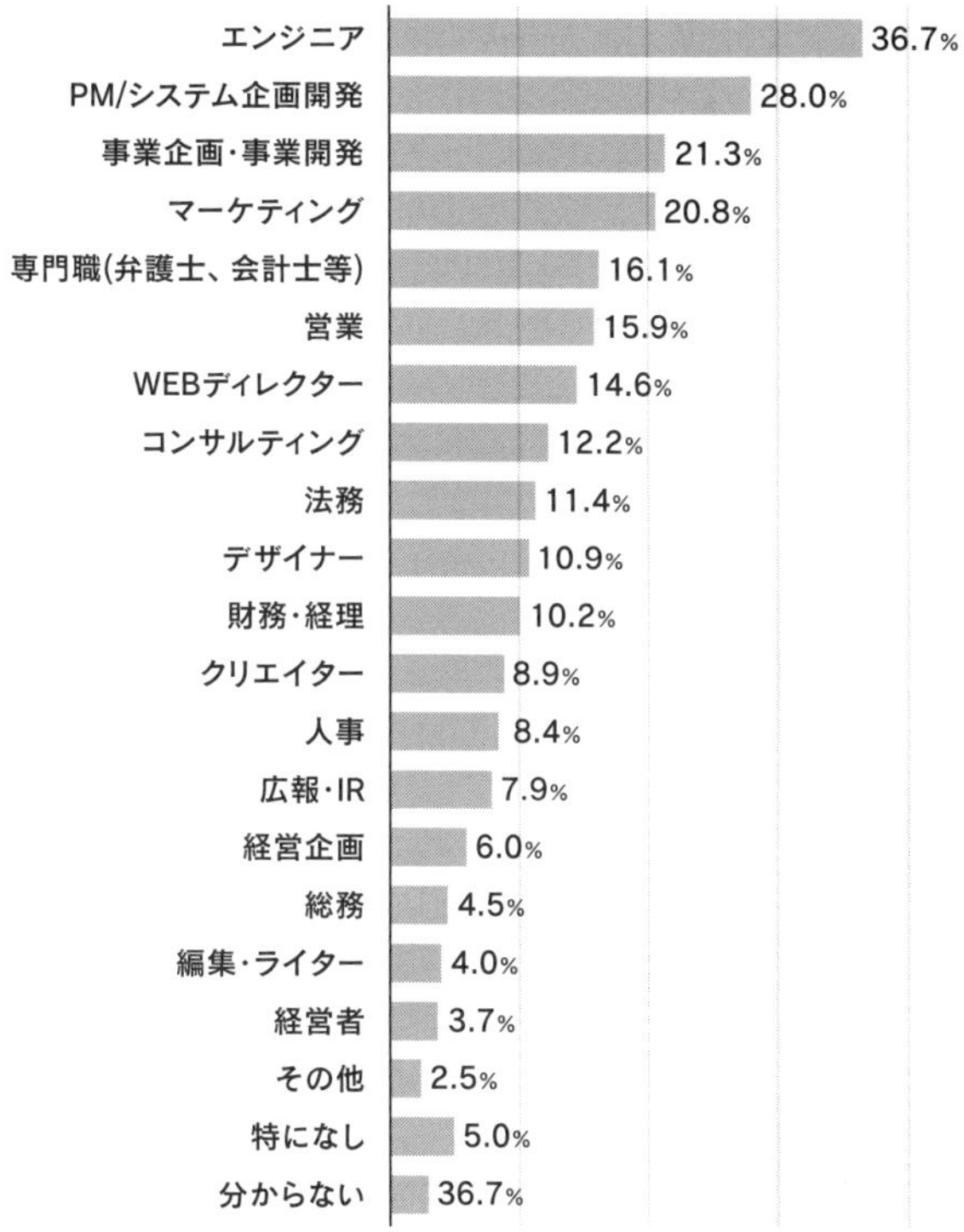

株式会社みらいワークス
調査概要：「企業の業務委託利用」に関する実態調査
調査方法：インターネット調査
調査期間：2022年3月10日～同年3月14日
有効回答：業務委託契約の決裁権を持つ事業部長・経営者・役員403名

社内を熟知している正社員が行うことが多くなります。

あるいは製造業の場合も、基本的に自社で賄うことが多いです。営業部門や、社内での指示命令系統が厳密な仕事も、「フリーランス」には向いていません。

その意味では、今後フリーな働き方がより社会で広がったとしても、フリーランス人材に任せられる仕事と、任せられない仕事との境は、厳然と存在し続けるはずです。

将来的に自由な働き方を目指す人は、**「今後、どういう知識やスキルを身に付ければ『ポータブル』な強みになるのか」の見極め**もしっかりと行っていくべきだということです。どこが自分の売りポイントになるのか、より意識していく必要がありそうです。

フィードバックは絶好の成長機会

私は若い頃から、自分がした仕事に対して、周囲から「フィードバック」をもらうのが好きでした。最初に勤めたアクセンチュアという会社がまた、そうした文化を持つ会社でした。プロジェクトが終わったタイミングで、一緒に業務を行ってきたプロジェクト・メンバーたちに時間を取ってもらい、自分の仕事ぶりがどうだったか評価してもらうのです。褒められること以上に、ダメ出しされることも多かったのですが、聞くは一時の恥、聞かぬは一生の恥です。言われた時は「なにくそ！」と内心思っても、後から冷静に考えれば、指摘は大抵当たっていたものです。

ただ、他の会社の話を聞くと、そういう環境ばかりではないようです。特に最近は上司が部下に、あまり強くものを言えないという事情も耳にします。「あまり強く言うと、新人が辞めてしまう」「すぐにパワハラだと訴えられる」と。

たしかに相手に過度な心理的ストレスを与えてしまうのはNGですが、シンプルに「あなたの今の仕事のやり方はダメですよ」と指摘できないのも、どうなのでしょうね。上司は不満を持ちつつ心にためていくことになるし、なにより本人の成長につながらない気もします。

その点、フリーランスはシンプルです。請け負った仕事の出来が悪かったら、次の契約更新がされないだけですから。あるいは「半年」の契約だったはずが、途中で打ち切られることもあります。もちろん基本的には文書で契約を結んでいるので、理由なくして一方的に企業から契約を反故にされることはありません。でも残念なことに、フリーランス側が企業の求めるパフォーマンスを発揮できないこともありますよね。そうした場合、企業からはきちんと理由を告げられます。「○○のパフォーマンスが出ていないから」と。こうした**フィードバックは、絶好の成長機会**です。もちろんダメ出しなんて、誰だってされたくはありません。でも、自分の仕事が良かったのか悪かったのか、分からないまま、なんとなく何年も〝仕事〟をし続けるよりも、よほど成長スピードは速くなると、私は確信しています。

私自身もフィードバックの重要性を感じたエピソードがあります。サラリーマン時代に共に働いていた人と、フリーランスになってから10年ぶりにプロジェクトで一緒になりました。プロジェクトの終わりにフィードバックをお願いすると「岡本は前はもっと尖っていた。クライアントにぶち込んでいた（笑）」と言われました。この言葉が自らの学びと励みになりましたし、「トーク・ストレート」を実施してくれたことに、今でも感謝しています。

また、良い評価は、いわゆる口コミでも広がっていくものです。フリーランスとして仕事をしていれば、次第に「○○さんからご紹介いただいたのですが」と、別口の仕事も舞い込んできます。逆にもし、何年もフリーランスを続けながら、常に新規顧客ばかりで、リピーターになってもらえない、口コミももらえないとなれば……、それこそが良からぬ「フィードバック」です。自分の仕事ぶりが、依頼主たちの求める水準に達していない証拠かもしれません。

企業の「業務切り分け」が「アウトプットベース」に進化

さて、「フリーランス」として働きたい個人も、ここ数年でだいぶ増えてきましたが、企業の側もまた、「フリーランス」人材を活用したい機運が徐々に高まってきています。それは、従来課題としてあった「フリーランスにどう発注していいか分からない」問題が、解消されつつあることと関係しています。

そうした根深い日本企業の課題にメスを入れたのは、意外にも、新型コロナウイルスの存在でした。**企業が「アウトプットベース」で業務を切り分けるようになってきたからです。**

企業が外部の副業・フリーランス人材に仕事を発注する際、最大の課題として立ちはだかってきたのは、契約内容や金銭にまつわるやり取り以上に、「業務のどこを切り取って、外部発注すればいいのか分からない」という問題でした。

会社の自分のデスクの前に、部下がズラリと座っていれば、「○○君、これやっておいて」と仕事を投げかけ、気がついたときに「ねえ、あれできた？」と確認することもできます。でも、同じ作業を、顔も見たこともない外部人材に発注するとなると、発注側の能力も大きく関係してきます。

「どの事業の、どの部分の作業を、どれくらいの納期と金額で発注するのか」

そのノウハウが蓄積されていないがために、これまで人手不足や、スキル不足に悩んでも、外部人材を活用できない状況が続いてきた側面もあります。

その課題が2020年の新型コロナウイルスの感染拡大以降、大きく改善されました。ステイホーム時期には、多くのオフィスから人が消え、いつもなら目の前に座っている部下たちが、各々自宅に散らばり、オンラインでつながるようになったのです。当然、口頭で気軽に仕事を頼むことや、進捗状況を確認することもできなくなりました。やりとりはすべてオンラインとなり、従来の仕事のやり方とは随分と勝手が異なる環境に、会社も上司も試行錯誤するようになりました。

その結果、**「誰に・何の業務を・いつまでに・どのレベルまで」やってもらうのかを上司やチームが、明確に把握しておくノウハウが蓄積されていった**のです。

そして部下に業務を「発注」できるならば、外部人材にも「発注」できることに気づいた現場が続出しました。日々の業務は部下に発注しても、「この業務のここは外部のプロ人材に発注するか」など、業務の切り出しが可能になった。

もしくは、「この期間だけ専門家が必要だが、常在かつ恒久的には必要でない」場合もありますよね。「事業のスタートアップ時期だけ」「システムを構築するときだけ」「広報部署をアップデートしたいときだけ」、専門知識を持つプロ人材が欲しいなら、期間を決めて外部人材に依頼するのがもっとも効率的です。

必要なときに、必要な人材を、必要なだけ調達すればいい。生半可な知識しか持たない社員が、見よう見まねで試行錯誤するより、百戦錬磨の外部プロ人材に教えを請うたほうが、はるかに効率的に進む場合は多々あります。

実はこうした働き方・仕事の発注の仕方は、これまでもコンサルティング業界やシステム業界、広告代理店業界などではよく見られたものでした。クライアントごとにプロジェクトを組み、そこに各個人が集いチームとして協働する彼らは、対象のプロジェクトが完了すれば、チームを解散させ、新規のプロジェクト先に再び集っていく働き方をこれまでも重ねてきました（だからこそ、コンサルタント業界に勤める人は、独立

図4-3｜フリーランス人材の活用に意欲がある企業

質問　「正社員採用を推奨している」「採用方法がよくわからない」などの障壁がなければ、フリーランスのプロ人材を活用したいと思いますか？

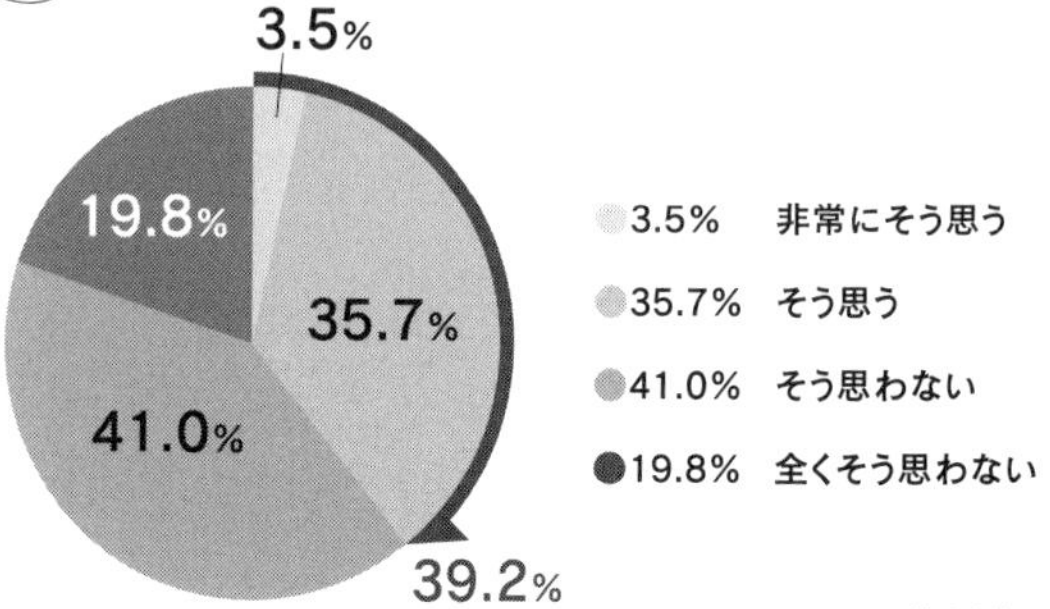

株式会社みらいワークス
調査期間：2022年1月19日～21日／調査方法：インターネット調査
有効回答：従業員規模1,000名以上（製造業）、500名以上（その他・サービス業）の会社経営者、正社員・管理職（課長職以上）833名

図4-4｜一度フリーランスを活用した企業の満足度は9割

質問　フリーランスのプロ人材を他の企業や同僚にお勧めしたいですか？

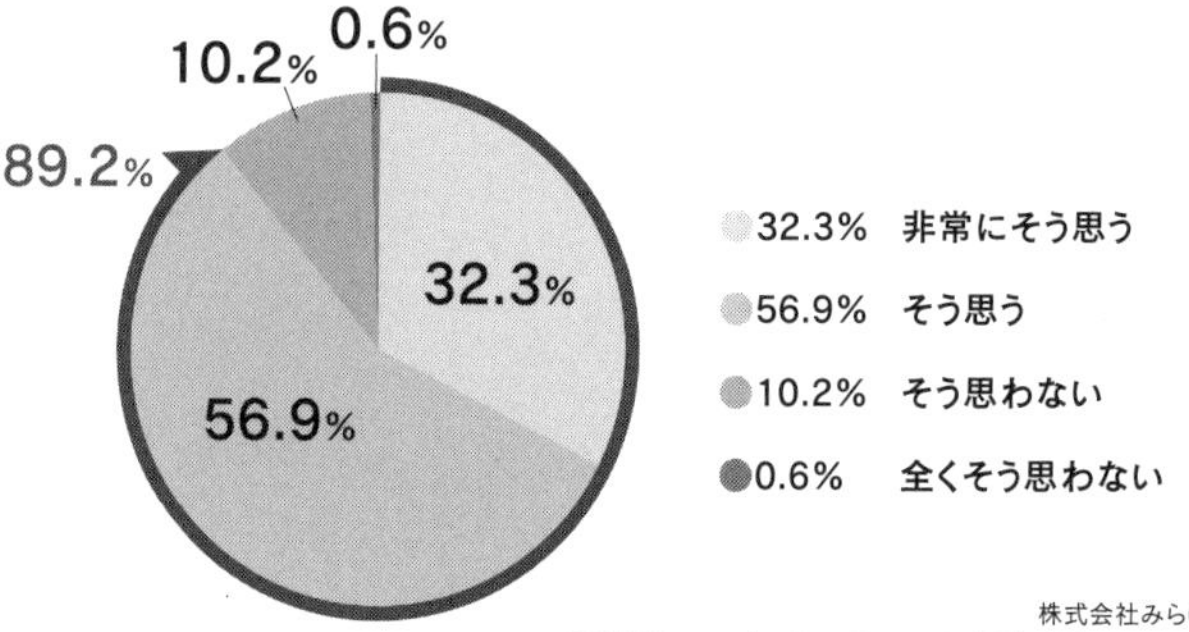

株式会社みらいワークス
調査期間：2022年1月19日～21日／調査方法：インターネット調査
有効回答：従業員規模1,000名以上（製造業）、500名以上（その他・サービス業）の会社経営者、正社員・管理職（課長職以上）のうち、フリーランスの活用をしたことがある方々167名

しやすいという傾向があったのです）。その手法がコロナ以降、他の業界・分野にも波及していきました。「ジョブ型雇用」という発想も、最近ますます浸透してきましたよね。

これまで「会社に座って働くこと」に対して支払われてきた**報酬が、「アウトプット」に対して支払われるようになる。**そうなれば、何も「この会社の、このプロジェクト」でなくても、「あの会社の、あのプロジェクト」に参加したっていいわけです（少なくとも意識のうえでは）。

この働き方に慣れてくると、正直なところ、自分はどこの企業に属しているのかという所属意識が曖昧になってきます。「会社って、何のためにあるんだっけ？」「企業に雇用され続ける意味ってあったっけ？」。そんな疑問が胸に湧き起こった人も少なくなかったはずです。

「だったら、フリーランスになってもやっていけるのではないか？」

そう気づき始めた人が出てきたということです。

空間・時間の制約から解放される

「会社に〝いる〟ことで発生する業務への報酬」を得られるのが会社員。
「仕事の成果物・アウトプットに対する報酬」を得られるのが、フリーランス人材。

今や、このように分けられるかもしれませんね。コロナ禍では、「立場は前者なのに、中身は後者」という錯綜《さくそう》した働き方を、多くの人が経験しました。ジレンマやトラブルも発生したでしょう。比較的若い層は、「仕事でアウトプットさえしっかり出せば、空いた時間は自由に過ごしてもいいのでは?」と感じていた一方で、シニア層は、遠隔でも〝いる〟ことを重視して、「きちんとパソコンの前に座っているか」を監視するようなケースも散見されました。

しかし、オンラインでの業務が普通になってくれば、その業務を行う場所は必ずしも会社である必要はなくなってきます。

もちろん、リアルに人と人が対面することで生まれる価値は軽視できません。画面越しで初対面の人と話しても、なかなか話は盛り上がりませんし、営業だってしにくいでしょう。日々の雑談から生まれるアイデアもありますし、会議やミーティングでも、対面だからこそ生まれる相手への共感や相互理解もあるはずです。逆にリアルで話しているからこそ、わずかな違和感をキャッチできたというケースもあるでしょう。

ただ、〝作業〟の多くは、実は会社で行わなくてもいいことも多いはずです。作業だけなら、自宅やシェアオフィス、カフェでもいいし、「むしろそちらのほうが集中できる」「自分なりの仕事環境を整えられる」という声も生まれます。

空間的制約に限らず、時間的制約にも同じことが言えます。「成果さえしっかり出せば、必ずしも9時~5時で働く必要もないのでは?」と考える人も増えました。夜型の人間は、「夕方以降のほうが能力を発揮できる」となるでしょうし、子育て真っ最中の人は、「子どもが寝静まった深夜のほうが、落ち着いて仕事ができる」かもしれません。あるいは「自分は朝方人間だから、朝5時からフル回転で仕事をする代わりに、13時には仕事を終えたい」人もいるでしょう。

仕事の合間に散歩や昼寝をしたり、夕飯の仕込みをしたり、効率よくワークライフバランスをとることも可能になるのです。

フリーランスの年齢のカベは徐々に上がっていく

では、実際に「フリーランスとして働いてみたい」「この会社以外で働いてみたい」となった場合、その選択は実現可能なのか、労働人材市場の観点から見てみましょう。

かつて「転職は38歳が限界」が定説の時代がありました。「フリーランスになる」「業務委託で仕事を受ける」場合も、「30代が旬、40代はギリギリ、50代は論外」が通説の時代もあったのです。

しかし、ここ10年間で、そうした転職・フリーランスマーケットに変化が現れました。30代、40代はおろか、「50代のフリーランス」と業務委託契約を結ぶ企業が、右肩上がりで増加しているのです。背景にはいくつかの理由が隠れています。

① **人手不足**：どこの企業も優秀な人材が不足気味です。優秀なフリーランス人材は多様な業界で引く手あまたです。

② **社会の価値観の変化**：「フリーランス」＝「会社で働けない人」という固定観念

が薄れ、優秀なフリーランス人材の価値を、企業も認め始めています。

③　フリーランス人材の増加：「フリーランス」としての働き方を選択する人が増えていることで、フリーランスマーケットが形成され始めています。

私は現在40代半ばで、大学を卒業したのはちょうど2000年でした。当時は就職氷河期と呼ばれ、この年代は就職の難しさを肌で感じてきた世代とも言えます。バブルがはじけて経済は不況。ならば「どうせなら好きなことを仕事にしたい」と、フリーターとして生きる人や派遣の道を選ぶ人も、この頃から急増しました。「会社という組織」に頼らず、独立独歩の道を歩むことが、初めて世間に認知された世代かもしれません（もちろんその反面で、主にブルーカラー層における派遣制度には課題点も多く、生涯契約社員という立場から抜け出せなかったり、リスキリングの機会を得られなかったり、派遣の雇い止め問題が発生したりなど、社会的課題も生まれました）。

また、この時期はインターネット発展期にも重なります。大学時代にパソコンが普及し、卒業と同時にPCを活用した仕事がメインとなりました。子どもの頃にはなかったデジタルデバイスの扱いも、就職に必須となれば必死で覚えます。コロナ禍での半ば強制的なオンライン業務でも、比較的スムーズに移行できたのは、この世代以降なのではないでしょうか。

一方、これより少し上、現在50代後半から60代の若かりし頃を振り返ると、バブル経済の真っ盛りでした。どこの企業も羽振りがよく、「組織に属して働く」ことが最大のメリットだった時代です。

さらにその上の世代を眺めると、現在の70代は高度経済成長期に会社人生を歩んできた世代です。終身雇用が当たり前の価値観を持ち、組織に属することで生活の基盤を築き、年々給料やボーナスが上昇していくのを実感できた世代でもあります。サラリーマンとして働くことで、マイホームやマイカーも持てた彼らにとって、「組織で働くこと」＝「人生が豊かになること」は不可分だったと言えるでしょう。

こうして振り返ると、「転職・フリーランスマーケット」での年齢の壁が、現在50代前半あたりであることもうなずけます。「企業に頼らず生きる」「フリーで働く」ことに価値を見出し、かつ仕事で必須のデジタル知識も持つ世代。これが現在の50代半ばより下の世代であるからです。

ただ、この**年齢の壁は、今後徐々に上がっていく**はずです。当然の話ですが、現在の40代は10年後には50代になり、現在の50代は60代に移行していきます。仕事に不可欠なデジタルスキルを持ち、かつ知識のアップデートを怠らず、多様な働き方に対応できる柔軟な思考力を持ち続ければ、副業・転職・起業・独立・フリーランス・業務委託のいずれにおいても働いていくことは可能なのです。また、そういう社会をみんなで目指していくべきだと、改めて思っています。

失敗込みの経験が将来の糧になる

とはいえ、「組織に属さない働き方は高リスク」「失敗が怖い」と考えている人も多いでしょう。これまでもよく言われてきたことですが、日本には「失敗」を回避しようとする文化があります。子どもの頃からなるべく「成功」を求め、手ひどい失敗はしないように、親や学校も手厚くプログラムを組むため、「失敗」＝「良くないこと」という意識が、日本人全体に刷り込まれてしまっている気が私はしています。

しかし、そうした人々が社会に出るとどうなるか。新しいこと、奇抜なことは、リスクが大きいので、自然と避ける傾向に陥りますよね。たしかに挑戦しなければ失敗もしません。「あいつは大きな失敗をした奴だ」とみなされる恐れもありません。

ただし、リスク回避を過大視する社会や企業は、堅実で安全である代わりに、どうしても大きな挑戦や賭けに出られません。日本の開業率は、諸外国と比べても低い水準だというデータもあります。数打てば当たる……とまでは言いませんが、大きな期待を新規事業に懸ける意識があるかどうかが、数字にも表れています。

また、欧米中の企業トップは、新規事業立ち上げの経験者であることが多いのも特徴の一つです。新規事業立ち上げは、必ずしも成功するとは限りません。手ひどい失敗や大きな損失も経験したことがあるでしょう。

でも、そうした**失敗込みの「経験」こそが、将来の糧になる**のです。


ところが、日本企業の多くは、「若い頃にベンチャーを興して潰しました」という人より、「様々な事業を成功に導いてきた」人のほうを、むしろリーダーとして据えてきました。社会全体が「失敗」を回避し、「成功」を求め、個人の挑戦や失敗もしにくい世の中をつくってきてしまったのではないでしょうか。

会社の「越境教育」は千載一遇のチャンス

とはいえ、「失敗を経験しろ」といっても、わざわざ挫折を味わいたい人などいません。出世街道に乗り始めた管理職に今さら「失敗」をさせる企業もないでしょう。ならば、できるだけ若いうちに、**日頃の業務とは異なる環境・立場に身を置いて、強制的に「経験」を積む**しかありません。

それを可能にするのが、社外出向などの**「越境教育」**です。

「越境教育」の良いところは、「失敗や挫折」を経験できること、そして「多様な価値観・視点」が生まれることです。

どの会社でも、その組織なりの常識・非常識があります。社内で共通の価値観や仕事のやり方もあるでしょう。でも、それらは一歩その組織を離れれば、まったく通用しなくなります。上下関係が厳密な組織もあれば、フラットな企業もあります。仕事のやり方も千差万別です。「自分たちとは違う文化がある」ことを知ることこそ、多様性を知る第一歩。目からうろこの体験を、ぜひ若いうちに味わってほしいのです。

「思った以上に、自分は外では通用しない」と痛感するだけでも、外に出る価値は十分にあります。「俺って結構仕事できる」と慢心していた人が、実は「その組織のシステムの恩恵にあずかっているだけ」だったり、「単に会社の名刺で仕事ができていただけ」だったりすることってありますよね。「これまでうまくいっていたのは、個人の能力ではなく、単純に企業の看板あってのことだった」と気づくのは、結構きついものがあります。でも、その事実を知れただけでも儲けもの。

最近は、NTT東日本が社内研修制度として、自分の好きな会社に1年間研修に行くというユニークな取り組みを始めています（みらいワークスも2022年から、1名来てもらっています）。1、2年期間を決めて、地方自治体に出向する仕組みを取り入れる民間企業もあります。

あるいは、同じ社内でも期間限定で、まったく異なる部署に〝出向〟する、〝副業〟をできるなどの仕組みを取り入れる企業もあります。こうした試みがどんどん広まればいいと思っています。

自分の常識は、外の世界では非常識

それでは、支店を移り変わりながら経験を積むような場合はどうでしょうか。実はこの場合は会社としての常識はそのままに、ただ土地や人間関係を移るだけですから、真の「越境教育」とはなりません。

もちろんリテールをやっていた人がホールセールに行くとか、業務部でオペレーションの効率化に携わるなど、まったく異なる業務に本格的に挑戦するならば話は別です。ただ、社内調整的に「足りないところに人を移動させる」くらいのローテーションや、場所を移動するレベルの転勤を何年も経験するくらいなら、いっそ外の世界を体験するほうが、よほど「ポータブルスキル」に結びつくはずです。

特にシニア層で、新しい職場に馴染めないケースには、**「自分の常識は、外の世界では非常識」**を知らずに生きてきた人が多いのです。

スキルもある、知識もある、経験もある。だけど外の世界の価値観を知らない。異なる世代の感覚に無頓着。自分とは異なる思考法や、仕事の進め方が世の中にあることを知らない（あるいは気づいても無視していいと思ってしまっている）……など。自分のこれまでの経験に固執する人は、まず会社の外では生きていけません。

昨今では、欧米式の「ジョブ・ディスクリプション」（職務記述書）を導入する企業も増えてきています。雇用者と被雇用者が、仕事の範囲や内容、必要とするスキルを確認したうえで仕事に入る形が一般化するならば、「ポータブルスキル」を明確にすることはますます必要になっていくでしょう。

若いうちに、自分が井の中の蛙であること、所属する企業名が外れれば世間の人の反応が目に見えてぞんざいになること、他には他のやり方や優先順位があることなどを経験できた人は、その後確実に成長していきます。

自分のスキルとして書き込める経験を増やすためにも、まずは副業や社外留学、出向やプロボノ（専門のスキルや知識を使った無償の社会貢献）などの、「越境教育」に積極的に手を挙げていってください。

「勤め人」or「独立」 双方向に出入り自由な働き方

もっとも、**「企業で働いていたほうが、身に付けられるスキル」**というのも、私はあると思っています。

基本的に、企業は「外部人材を育てよう」などとは考えません。フリーランスはすでに実力があって当然。そのスキルを買うからこそ、あえて正社員よりも高い単価で外部に発注するのです。

ということは、「フリーランス」であり続けることの1つの落とし穴は、「成長の機会を与えられない」ことだと言えるかもしれません。

「さっきと言っていることが違うだろう!」「フリーランスの成長スピードは速いんじゃなかったのか!」と怒らないでください。これはフリーランスも会社員も同じように陥りやすい落とし穴だからです。

どんな職場でも、どんな分野でも、**「10年同じことをやり続けたら、その領域はコ**

モディティ化する」のです。伝統工芸品の職人でもない限り、世の中の技術革新は日進月歩です。10年前、20年前に身に付けた知識やスキルは、アップデートしていかないと、時代遅れになります。旬でなくなった知識ばかり抱え込んでいても、その領域の案件はいずれ減っていってしまいます。

ならば……と単価を上げようとしても、フリーランスが高い単価を得られるのは、どうしても「過去に経験した」「すでに実績のある」業務がメイン。外部からのフィードバックを得ることによる成長の機会それ自体はありますが、新しい領域にチャレンジする機会はかなり限られるのが実情です。だからこそ、誰もが新しい領域にチャレンジし続ける必要があります。

ただし、問題はどこでその領域にチャレンジするか。

企業でこそ培われる分野や、体験できる領域もあるでしょう。一方で、フリーランスだからこそ身軽に試せる、挑戦できるチャンスもあります。

そのあたりの「キャリア戦略」を自分でしっかり見極め、計算し、実践していくことが、今後はより大切になっていきます。場合によっては、その知識を蓄えるために**「フリーランスになる」「再び企業で働く」といった選択を、交互に繰り返す**必要もあるでしょう。

前にも述べましたが、私は必ずしも「フリーランスとしての働き方が最強！」と決めつけてはいません。選択肢は大いに増やすべきだし、そのためのスキルも実装していくべきだとは思っています。「企業の中でキャリアを積むことが、今の自分には必要」だと感じているならば、大いに活用すべしと考えています。

キャリアが「勤め人」→「独立」の一方通行であった時代は終わりました。これからは「勤め人」→「独立」→「勤め人」……と、**双方向のキャリアを築く**人も増えていくはずです。例えば、企業で働いたのちに独立してフリーランスとなり、また数年後に再就職してリスキリングして、その後に再びフリーランスとなるというような働き方です。

そんな**「出入り自由」な働き方**を実践している人を、私はすでに大勢知っています。自分自身の「長期的な人生」を考えれば、勤め人としての立場と、独立した立場を柔軟に切り替えるリスキリング的精神こそが、最強の選択肢と言えるのです。

「最初の一歩」を踏み出した人たち

では、実際に「最初の一歩」を踏み出した人たちの事例を、いくつか見ていきましょう。私が口だけで「働き方」の多様さを訴えても、リアルにイメージできなければ、絵に描いた餅状態です。以下に紹介する人たちも、最初から自信満々で「一歩」を踏み出したわけではありません。彼らの歩みをたどることで、具体的なイメージを共有していただければ幸いです。

「転職したい！」という事例

ある日、私は不動産総合デベロッパーであるタカラレーベン（現ＭＩＲＡＲＴＨホールディングス）から、「デジタル責任者を置きたい」というご相談を受けました。聞けば単なる技術者ではなく、「ＤＸ推進の旗振り役」として、全体を束ねられる能力のある人材を求めており、いずれは「執行役員」として迎えたいとのこと。

エグゼクティブクラスともなれば、当然短期の仕事ではなく、中長期的に会社に深くコミットしていける人物でなくてはなりません。採用する側も、される側も、慎重になることは必須で、そのため私はある提案をしました。

「まずは試しに働いていただき、お互いが納得したうえで、正式入社していただくインターン方式はいかがでしょう」と。私は井関さんというフリーランス人材を紹介して、まずは4か月間業務委託で働いてもらいました。

しかしなぜ、彼らは通常の転職市場ではなく、わざわざ私に紹介を依頼されたのでしょう。井関さん自身、大手コンサルティングファームやIT事業会社でキャリアを積まれてきましたが、不動産業界は初めてです。なぜあえて業界外から人材を採ろうとしたのか、率直に尋ねてみると、こんな答えが返ってきました。

「不動産業界の知識とデジタルスキルを持つ人材を探す道もありましたが、業界の既存知識のない方のほうが、常識にとらわれず、フラットな視点で斬新な提案や改革をしていただけるのではと考えたからです」

なるほど、と思いました。たしかに業界内の経験値が豊富であれば、不安要素は少ないですが、それはイコール「先入観や常識にとらわれてしまっている」ことも意味します。変革やイノベーションを起こすには、「ここはおかしい」「もっとこうしたら」

と、率直かつ素朴な疑問や提案をぶつけられるニュートラルな視点も必要です。

さて、デジタルオフィサーとして働き始めた井関さんは、「業界の常識がない」ご自身の立場を活用して、次々に社員にヒアリングを重ねていきました。約2か月かけて、役員から部長クラスまで丁寧に聞き取りをし、「この会社をどういう姿にしていきたいか」という「夢」の部分を社員たちから引き出していったのです。社員は改めて「あなたの夢は？」「どういう会社にしていきたいですか？」とインタビューされることで、自分でも気づかなかった本音や、仕事に対するビジョン、企業ミッションを、見つめなおすことができたといいます。

人柄も温厚で順応性もあった井関さんは、ヒアリングや日々のリーダーシップを通じて、社長以下、多くの社員からの信頼を得て、数か月後、無事に正社員として正式雇用されました。それも経営トップの右腕、ＤＸ推進の統括リーダーとして、です。

20代の高見さん（仮名）も、同様の道をたどりました。高学歴で高スキルの高見さんは、こちらとしても自信を持って紹介できる方でしたが、一点だけ懸念がありました。それが「20代で転職5回」という履歴でした。実際、この経歴がネックとなり、これまでも面接に至る前に、書類選考で落とされることが続いていました。

もっとも、高見さんが「20代にして転職5回」を経験していたのには理由もありました。もともとベンチャー企業で自分の実力を発揮したいという意欲を持っていた高見さんですが、たまたま就職したベンチャー企業が、ことごとく潰れてしまうという不運が重なってしまっていたのです。もとより高見さん個人の責任ではありません。ただし、そのことは書類選考ではなかなか理解してもらえません。特に50代以降の中堅どころの採用担当者からは、「組織に馴染めない人物なのではないか」と敬遠されてしまってきたのです。

しかしその後、高見さんは大手通信会社に業務委託として参加しました。その数か月後には部長からもお墨付きを得て、正規の雇用と相成りました。実際に働いてみれば分かる――そんな事例はいくつもあるのです。

「地方企業の副業をしたい！」という事例

都会の大企業は、様々な専門知識を持つ人を、よりどりみどりで雇用できますが、地方の中小企業はその限りではありません。応募してもその土地にはスキルに合致する人がいなかったり、都心から転職者を呼び込みたくても、うまくいかなかったり。

専門家を正規に依頼できる資金がない場合も少なくありません。

そのような企業にとって、優秀な副業人材を起用することは、大きなメリットです。働く人にとっても、週1回、月1回と、無理のない範囲でオンライン副業できるのは、格好のスモールステップではないでしょうか。

例えば「地方中小企業」の募集内容は、ウェブサイト制作、業務改善、海外販路の開拓、ブランディング、販売戦略、新規事業立ち上げ、ECサイト構築、販売促進、営業企画、商品開発など、非常に多岐に及びます。

「ウェブサイトをつくってください」

「海外に販売するための智慧を貸してください」

「老舗旅館の立て直しにアイデアをください」

全国から集まるこうした色とりどりの案件に対して応募者が殺到している状態です。1件の募集に何十人も応募者が殺到するような事態もザラなのです。そうした応募者は、一流企業にお勤めの方が多いのも特徴です。高スキルのビジネスパーソンがコンペを勝ち抜いて、地方企業に助っ人として参加するのですから、頼もしい限りです。今やホワイトカラー副業は「なんとなく小銭稼ぎ」ではなく、「スキルもあって意識も意欲も高い人」が、バシバシ参加している状況なのです。

「地方企業に転職したい！」という事例

鹿児島県出身の田中さん（仮名）は、50代で地方移住・地方転職を決意しました。これまでも日本を代表する総合電機メーカー3、4社で働いてきたバリバリのビジネスパーソンです。しかし、50歳を過ぎ、最後のキャリアとして「自分を必要としてくれる仕事がしたい」と思うようになり、転職サイトで検索して、山梨県、京都府、徳島県、佐賀県の求人にエントリーしました。

地域は違えど、これらの土地に共通するのは、すべて製造メーカーの求人であること。田中さんはこれまでも生産管理のうち、特に品質管理に従事してきたのです。「製造工場があり、品質管理責任者を探している会社」を条件に全国を探し検討した結果、最終的に徳島県への転職・移住を決意しました。

田中さんの事例が象徴するように、上位ホワイトカラー層人材を地方に呼び込みたいならば、土地の魅力もさることながら、「どれほど魅力的な仕事がそこにあるか」が決め手になってきます。優秀な人材を招聘《しょうへい》できれば、企業の業績も伸び、副次的に下位レイヤーの地場産業でも雇用が生まれていくでしょう。

余談ですが、みらいワークスの事業で携わった地方副業の事例で過去最高にエントリー数が多かったのは、ウナギの養殖関係。2番目は釣り具のメーカーでした。なんでも、釣り愛好家の間では知られた存在の企業で、地方にありながらグローバルに知名度のあるメーカーだったらしく、釣り好きのビジネスパーソンたちが応募に殺到した……という背景があるようです。

新卒者と違い、自分なりの働き方を選びたいミドル層の社会人は、第二の仕事として「興味」や「好き」を基準に仕事を選ぶ傾向も強いのです。

「組織に属する」信仰の終焉

さて、フリーランス人材の活躍事例をいくつか見ていただいたところではありますが、そうは言っても、いまだに「フリーランス」と「フリーター」の区別がついていない人や、「アルバイトやパートと何が違うの？」と大真面目に聞いてくる人も少なくありません。いかにこれまでの日本が、「企業に属して働くこと」を大前提とみなし、「企業に属さず、個人として働くこと」を少数派として断じてきたかがうかがい知れます。

今から10年ちょっと前の、2010年頃のことです。当時30代だった私の知人はフリーランスとして大活躍していました。依頼はひっきりなしで、かつ高報酬の仕事ばかりが舞い込む彼は、まだ30歳と若いにもかかわらず、すでに年間1800万円以上を稼ぐ、超高度フリーランス人材でした。世間的にはいわゆる〝高額所得者〟と呼ばれる立場だったと言えるでしょう。

ところが、その彼が結婚しようと相手のご両親に挨拶に行ったところ、「定職にもつかずにフラフラと。そんな地に足がついてない男に、大切な娘をやれるか!」と大叱責されたそうなのです。

いかに「フリーランス」としての働き方が市民権を得ていないのかを実感したと、彼は肩を落として嘆息していました。収入もあり、貯蓄もあり、将来に向けて資産運用もしている……、それなのに「組織」に属していないというだけで、世間的信用を得られない……。そんな時代が、日本に最近まではありました。

別の見方をすれば、それだけ日本という国は、「個人」への信用ではなく、会社という「組織」への信頼で、すべての価値を判断してきたとも言えます。

その相手のお父さんは当時60代で、今は70代になっています。もしかしたら新卒からたたき上げで、40年間1つの会社で勤めあげた人だったのかもしれません。そんな立場の人から見ると、「フリーランス」など、「信用の置けない」「地に足がついていない」「組織では働けない人間」と思えたのかもしれませんね（本当は「フリーランス」こそ、確かな能力や人間性がないと、やっていけないものなのですが……）。

しかし、時代は変わりました。2016年、国はフリーランスについての政策を本格的に始動させました。少子高齢化が進み、労働人口も減少する時代で、本腰入れてシニアの活用や女性活躍を推し進めないと、日本は産業的に沈没する……、そんな危機感が「雇用によらない働き方」推進につながっています。

「フリーランス」としての働き方には、さらに追い風が吹いています。2021年4月には「改正高年齢者雇用安定法（70歳就業法）」が施行され、12月には「フリーランスとして安心して働ける環境を整備するためのガイドライン」（経済産業省）も発表されました。企業に属さず、自由に働く人々の実態を解明すべく「フリーランス実態調査」も実施、そこから見えてきた問題点や課題を元に、「フリーランス保護新法」の策定も目指しています。

「フリーランスで働いている」「フリーランスとして将来働きたい」という言葉も耳にする機会が増えました。実際に大企業の中で正社員や契約社員に混ざり、事業に参画する「フリーランス」も増えています。

むしろ、従来型の終身雇用制を、「たった1つの会社で雇用され続けようとする、企業依存タイプの働き方」という視点で論じるメディアも出てきているほどです。今後、この流れは加速度的に進んでいくでしょう。

人材の流動性が「関係人口」を増やす

「人材の流動性」は、大きな恩恵を日本経済にもたらすはずです。

各地の地方自治体の方たちのお話をうかがっていると、どこも「ベンチャー誘致」「創業支援」「地方創生」を掲げていることに気づきます。地方に雇用を創出していかないと、どんどん人口が減り、数年後にはもはや手遅れ状態となる――そんな危機感がヒシヒシと伝わってくるのです。

国も長らく「地方創生」を目指してやってきました。「まち・ひと・しごと創生総合戦略」の第1期（2015〜2019年度）では、地方の盛り上がりを目指して「移住者を増やす」を掲げました。

しかし、5年間の取り組みにもかかわらず、実際に移住した人は少数でした。やはり「移住」は気軽にできるものではなく、都心の利便性、娯楽の豊富さ、文化・医療・教育の充実からすると、特に子どものいる世帯では難しい側面もあったのでしょう。働き盛り、子育て世代にしてみても、いくら「来て、来て」と請われても、住み慣れた土地を離れ、家族を引き連れて地方に移住するのはハードルが高いものです。

そこで続く第2期（2020〜2024年度）では、「移住者」ではなく「関係者」を増やす、いわゆる「関係人口」を増やそうと軌道修正をしました。

「関係人口」とは、「その地域に何らかの関係がある人」の人口です。その土地に暮らす移住者よりは関わりが薄く、観光客よりは関係性が濃厚な人。例えば、今は別の土地で暮らしているけれど本来はその土地の出身者だったり、その土地が好きで何度も繰り返し訪れたりしている人が該当します。かつて住んでいた、あるいは仕事の関係がある人などは、今すぐ住民にはならなくても、折に触れて訪れたり関心を持ってくれたりするものです。そんな緩やかな「関係人口」を増やそうと、国も地方自治体も動き出しています。

こうした流れに、コロナ禍も加わりました。三密に苦しめられた都心生活から、田舎暮らしに憧れる人や、試しに二拠点生活を始める人も現れています。働き方の多様さやリモート仕事の登場も、追い風となりました。本業を持ちながら、週に2回ほど地方自治体の仕事を副業でするなど、緩やかな挑戦も始まっています。

私の実感としても、「地方で働く」「地方移住」「地方創生」「中小企業支援」などのキーワードに興味がある人は、どんどん増えています。みらいワークスでは、そうした個人と、地方自治体や中小企業を結び付ける事業もしていますが、1つの案件にときには何百人もの応募があることもあります。

正直、報酬の〝条件〟だけであれば、そこまで魅力的とは思えない案件もあります。

都心と地方では、報酬額に差があることも珍しくなく、都会の大企業勤めからすれば、都心で副業を探したほうがはるかに効率がいいことも多い。それでも「地方創生に協力したい」「地方ベンチャーに協力したい」という気持ちを持つ人が集うようになったことは、日本経済の停滞にとって1つの突破口となっていくでしょう。

緩やかなつながりからスタートし、関係人口となった後、将来さらに関係性が深まったり、移住したりする――そんな未来図も夢ではないと思っています。

本章末では、そんな「地方創生」「中小企業支援」を、「副業」という形で始めた木村さんの事例を紹介します。

［個別インタビュー②］フリーランスの本音

自分のスキルが「副業」で活きた「中小企業支援」×「地方創生」

木村さん（30代・男性）

コンサルティング会社と製薬会社で、計4社を経験してきた木村さんは、2019年から「副業」も開始。地方の中小企業支援に関わる中で、「関係人口」という言葉も知った。「副業」で出会えた地方の魅力、第二の人生の夢について尋ねた。

［経歴］
新卒20代前半　コンサルティング会社に就職
20代半ば　2社目のコンサルティング会社に転職（コンサル・計8年）
30歳前後　製薬会社に転職
30代半ば　2社目の外資系製薬会社に転職
30代後半〜　副業を開始。野球の「木製バット」の会社や、秩父の企業などで業務に携わる

Q1　「副業」は広まり始めていますが、まだまだ一般的ではありません。そんな中で木村さんが副業に至った経緯を教えてください。

木村　「副業」には昔から興味があったんです。コンサルティング会社から製薬会社に転職したことで、時間に余裕もできました。ちょうど子どもが生まれたタイミングでもあり、ワークライフバランスを重視した働き方にシフトしました。以前は9～23時の働き方でしたが、転職後はだいたい9～18時の勤務です。フレックス制ということもあり、時間の融通もつけやすい。主に平日夜や週末の時間を充てて副業を開始しました。

今は製薬会社ですが、前職のコンサル時代に培ったスキルを、いつかどこかで役立てたいという気持ちもありました。

Q2　「副業する」と宣言したときの、周囲の反応はどうでしたか。

木村　周囲の反応は様々でしたね。大別すると、年配の方のほうがやはり「副業」に対するイメージが湧きにくいようで「本職に影響はないのか」という声もチラホラ聞こえてきました。若い世代は「行動力があっていいね」という好意的な意見が多かったです。特に20代は、「報酬は関係なく自分も副業してみたい！」という声もあった。ただ、社会全般的には、まだ「副業」という働き方はスタンダードにはなっていない気がしていて、「もっと広がればいいのにな」とは思っています。

Q3 「副業」で得ている収入を大まかに教えていただけますか。

木村 その月にもよりますが、3～20万円程度でしょうか。同時に何社受け持つかにもよりますが、現在は、2、3社なので、ひと月10万円前後です。

Q4 「副業」することのメリットは何でしょう？　比重は少ないとはいえ、本業との並走は、タイムマネジメントも含めて、大変なこともあるかと思います。

木村 一番は「面白さ」と「やりがい」です。「これまで自分が知らなかった世界と出会える喜び」もあります。もちろん本業以外で収入を得られるのも嬉しいですが、それ以上のモチベーションが副業にはあります。地方の企業とつながりができれば、自然とその土地への愛着も湧きます。基本的にリモートワークですが、年に数回地方に伺うこともありますよ。子どもと一緒にその土地に行き、お祭りに参加したり、いろいろな土地の文化や人々と触れ合えたりするのも楽しいですね。

Q5　これまで、富山県や鳥取県、埼玉県秩父市などの企業の副業をされています。「地方創生」×「中小企業支援」の双方に興味がおありだったのでしょうか。

木村　いえ、実は「地方創生」の出会いは偶然だったんです。最初に「副業」の募集に手を挙げたのは、富山県にある木製バットを製造する企業の中期戦略担当でした。動機は単純で、「昔、野球をやっていたから」というもの（笑）。「バット」というワードに反応してしまったわけですが、その会社がたまたま「地方」にあっただけなんです。でも、いざ始めてみたら、その土地自体にいろいろな魅力が詰まっていることを知りました。今はむしろ「副業」なら断然、地方が面白いと思うようになりました。

Q6　具体的にはどのような形で副業をされているのでしょうか。

木村　鳥取県にある創業100年を迎えた企業は、経営アドバイスとして月に1、2回程度、1時間のZoom面談をしています。その都度必要に応じて、LINEでの対応をさせていただくこともあります。

埼玉県秩父市のワーケーション施設運営の会社は、企画・実行支援などは主にオンラインでしていますが、東京から近いこともあり、これまで何度か足を運び、メンバーと酒を飲み交わすようなお付き合いもしています。

私に求められるのは「経営者の相談役」といったところです。どの会社の社長も、自社に対する思いや、将来ビジョンをたくさん思い描いています。ただ、それを言語化して、資料として落とし込む手段を持っていないことに頭を抱えています。社長の頭の中を「見える化」し、社内やステークホルダー、金融機関などに見せられる資料として、紙に落とし込んでいく作業が、私に求められる一番大切な仕事です。

後はシンプルに社長の相談役、「壁打ち役」として並走する役割も多いですね。副業で知り合った企業の社長からは、「家庭教師役」と評されています。

Q7　**地方の中小企業が、「副業」人材を活用することのメリットは何でしょうか。**

木村　企業の経営者は、意外と孤独なことも多いんです。何か経営的な疑問や悩みがあっても、社内に相談できる人がいるとは限りません。かといって外部コンサルタントと契約するのは、コスト的にも高くつきすぎます。そんなとき「副業」を活用すれば、高スキル人材をコストパフォーマンスよく利用できるというメリットがあります。

地方の中小企業では、いわゆる〝都心の大企業〟では当たり前のビジネススキルが、いまだ浸透していないこともあります。「いまだにこれも手作業？」「これもファクス？」というところに「こういうツールを使えば便利ですよ」という情報を伝えるだけでも、シンプルに作業効率アップにつながって、感謝されています。

Q8　「副業」人材を使う際、企業側が注意すべき点はありますか。

木村　いろいろな情報に対してアンテナを張り、新しい挑戦を楽しめる方は、「副業」人材もうまく活用している気がします。

一方で、副業人材を使って失敗した……という体験談も時々耳にします。副業に対する考え方も十人十色だとは思いますが、「安くやってもらえるだろう」「早く成果物を出してもらいたい」というような意識だけだと、ミスマッチも起こるのかなと思います。副業人材に依頼する場合は、範囲をきっちり定めた依頼をすることと、成果物の納品なのか、あるいはもっと深く事業にコミットしてもらいたいのかを、両者ともに確認するといいと思います。

Q9　副業する側の注意点があれば、教えてください。

木村　これも先の質問の続きになってしまいますが、「どういう仕事を受けるのか」に対する、依頼主との意識のすり合わせは大切だと思います。

私の場合は、「社長の相談役」という大きな枠でコミットしているので、正直何でもあり、とまでは言いませんが、広く深く関わることになります。自分ができる範囲であれば、リサーチも、分析も、提言も、資料作成も、企画も何でもやります。場合によっては、地元青年団とのお付き合いに関する相談も受けるし、地域の祭りにも一緒に参加します。それは私自身が楽しいからでもありますが、中には、「え、そんなことまでするとは聞いていません。自分の依頼された仕事から外れますよね」となる人もいると思うんです。そこをどこまで自分事としてコミットできるか、また依頼主がどこまでのコミットメントを副業人材に求めているかのすり合わせは必要です。

「副業」人材からすれば、応募案件は数ある副業の1つかもしれませんが、募集する側は切実に募集しているわけで、そこをしっかり理解する意識も大切です。

ただ、「副業」の醍醐味は、そうしたコミットメントの深さに正比例するとも思っています。地元に足を運び、祭りに参加して、その土地の美味しいものを食べたり、地元の人と語り合ったりする時間は、「副業で月いくら収入アップ！」には変えられない喜びがありますから。

Q10 「地方の中小企業支援」の難しさや、気をつけるべき点はありますか。

木村 地方ならではの事情を、肌感覚で知ることも大切だと感じます。

都会の大企業で働いていると、いろいろなことがドライに進みがちです。作業の効率化、コストカット、人事評価など、同じサービスでももっと安く提供してくれるところがあるなら、そちらに乗り換えることも珍しくない。しかし、地方にはその土地ならではの生態系があります。例えば繊維業が盛んな土地なら、同業他社は競合であると同時に、大切な地域の仲間でもあるわけです。その下には関連業者も連綿と連なっています。そんな土地に、都会から来た（あるいはリモートで参加するだけの）副業人材が、ドライに「この仕事はアウトソーシングしたほうがいいですよ」と〝助言する〟のは、下手をすればその生態系にひずみをもたらしかねません。

地方の中小企業と協働する場合は、そうした土地ならではの事情にもコミットする意識が大切です。一番望ましいのは、副業人材が参加することで、その会社だけでなく、その土地の地場産業自体にも、好ましい影響を与えられることだと思っています。

Q11 **これまで「副業」をやった中で、失敗したな……というご経験はありますか。**

木村 なんとなく「できるかな」とエントリーしてしまったものは、あまりうまくいかなかったと反省しています。ご希望いただいた範囲内での結果は残せたとは思いますが、それ以上のものを提案はできなかった気がして……。

反対に、先に挙げた3社は、「これは私がやりたい!」「自分しかいないだろう!」という妙な自信と熱量があってエントリーしました。そういうご縁は、その後も長く続くお付き合いに発展しています。やはり「副業」は、「好き」か「できる」のどちらかの軸をはっきり持ち、明確な意思でトライすべきだと今は思っています。

Q12　「副業」での経験が、本職に活かされることはありますか。

木村　あります。これは「副業」経験者なら誰もが感じることだと思いますが、本業とは別の業界を垣間見ることで視野も広がるし、知識や経験も増していきます。私の場合は、経営者に対しての提案や相談、プレゼンを行っているので、経営者の視点にも接することができます。大企業だと経営者と直接話す機会はほとんどありませんが、私の場合副業を通じて「経営者はこういうことを考えているのか」と学べたのは大きかったです。こうした体験は現在の仕事はもちろん、将来的にも必ずいい影響を及ぼすと思っています。

Q13　今後のライフプランを教えてください。

木村　今やっている「副業」の比率を高められればと思っています。一方で、いきなり会社を辞めてしまうことのリスクも感じているので、バランスは見極めたいですね。実際に、私の周りでも「副業」を「本業」につなげた方もいらっしゃいます。

現在40歳手前の自分に、50代、60代のときに仕事がある保証もありません。50代のサラリーマンの方と話していると、「あと10年、どうやって会社に居残るか」「今転職するると給料が下がるだろうから、居続けるのとどちらがマシか」という話題になることも多いんです。会社勤めがだめになったらこちらの道、というように、長い目で見た選択肢はつくっておきたいなと考えています。

Q14 **今後「副業」してみたい方に、メッセージがあればお願いします。**

木村 たまに「あなたはコンサル出身だから、自由な働き方ができるんですよ」と言われることがあります。たしかに、「できることを増やそう」という思いからコンサルティング会社に就職しましたし、実際かなりの仕事のスキルをたたき込んでもらったと感謝もしています。ただ、自分で「副業」して思うのは、どんなジャンルであっても、副業はできるということです。普通の会社の経理、営業、総務、企画……、何の業種であっても、何かしらの仕事をしてきたのであれば、そのスキルを必要とする中小企業や、地方の組織は必ずあります。

シンプルに「副業」は楽しいですし、やりがいのある新しい世界にも出会えます。「副業なんてしなくても、今の会社で頑張る」つもりの人も、人生一本足打法より、第二、第三の足を持っておくほうが、精神的にも強くなれるので、ぜひ最初の一歩を踏み出してもらえたらいいですね。

第5章 ライフワークを見つけるために

最初の一歩は超「スモールステップ」でいい

さあ、いよいよここからは、組織に依存しない働き方を実現するための、具体的アクションを見ていきましょう。

私自身、多くのフリーランス人材や副業希望者を見てきた中で、分かってきたことがたくさんあります。

「どういう人がフリーランスとしてやっていけるのか（やっていけないのか）」
「自由な働き方をする人に不可欠な資質とは何か」
「多くの企業から引く手あまたの人材と、閑古鳥が鳴く人の差は何か」
「60歳を過ぎても、仕事を受注して活躍していける人の特徴は何か」

おそらく皆さんも抱くであろうこうした疑問への答えを、この章では述べます。

繰り返しになりますが、本書のテーマは、「リスクを冒してフリーランスになろう」

ではなく、**「生涯リスクを回避するために、フリーランスも経験しよう」**です。

もし今、安定した（と思える）職場に勤めているとしたら、何も最初から大股で「転職」「フリーランス化」といった大転換にチャレンジする必要はないのです。


最初の一歩は、超「スモールステップ」でいい。特別な下準備や大きな覚悟もいりません。気軽に始められる一歩で十分です。むしろ、いきなり独立や起業を目指すことは、さすがの私もお勧めしません。


まずは気負わず「副業」から試してみてください。

もし、「副業」もちょっと……という様々な事情がある場合には、**「ボランティア」から始めても構いません。**本当はお金をもらってやってみるのが一番いいのですが、勤め先の事情もあるでしょう。私自身、最初に勤めた会社は「副業禁止」だったので、「ボランティア」として無給のお手伝いからスタートしました。

まずは試してみて、「思ったより面白かった」「やりがいがあった」「充実感を得た」と思えたら、次の一歩に進めばいいのです。

「好きを仕事に」が必要不可欠な時代

あなたの「好き」は何ですか？

あなたが時間を忘れてのめり込むほど「好き」なことは何でしょう？

第1章で「ライスワーク」と「ライフワーク」について述べましたが、改めてここでその定義を確認しておきたいと思います。「ライスワーク」とは、自分や家族が生きるために必要な糧を稼ぐための、生命をつなぐための仕事のことです。一方の「ライフワーク」とは、人生を賭けるに足る（と感じられる）生きがいとしての仕事のこと。「自分はこの仕事のことが好きだ」「この仕事を一生やっていきたい」と心から思える喜びを生じさせる仕事のことです。

長い人生を生きるうえで、特に初期のころは「ライスワーク」が仕事の多くを占めるものですが、それを徐々に「ライフワーク」にシフトしていくことが、「仕事」において幸せを感じられる1つの道であることを述べてきました。

そして、「ライスワーク」から「ライフワーク」にシフトするうえで、一番大切になってくるのは、「好き」という感情です。

「好きを仕事に」などと言うと、青二才の世迷い言のように響くかもしれません。でも、食べるためだけの仕事ならいざ知らず、人生にやりがいや使命感を求めるならば、**「好き」は必要不可欠**です。そのことに私自身、ある時点で気がつきました。

私が起業に至った経緯は、第2章ですでに記した通りです。日本全国47都道府県を巡り「日本を元気にする仕事を創出したい」と願った私ですが、そこに至るまでは紆余曲折もありました。「起業」を思いついたのはいいけれど、何か強烈に「これをやりたい！」「これが好き！」と熱望するものがなかったのです。

でも、考えればそれもそのはず、「そこそこ勉強して、そこそこ知名度の高い会社に入って、そこそこいい年収を得る」というくらいの漠然とした目標しかなかったのだから当然です。改めて自分の「好きは何だろう」と考え始めても、最初は何も思い浮かびませんでした。いろいろな業界の人と会ったり、自宅でゆっくりくつろいだりしながら、過去の子ども時代も振り返り、「自分の好きだったものは何だろう」と考えました。

試験で頑張っていい点を取り、有名大学に進学し、誰もがその名を知る大企業に就職する――。かつてそれは「勝ち組」人生スタートのゴングのようなものでした。しかし、人生何が起こるか分かりません。心や体の健康を崩して、その会社を辞めることになるかもしれませんし、人間関係のトラブルで嫌気がさすこともあるでしょう。そもそも「これは自分のしたいことではなかった」と気づく人もいるでしょうし、私のように思わぬ〝転機〟がやってくるかもしれません。

大学名も、企業名も取り払った後に残る自分は、一体「何が好きな人間なのか」。こう自ら問いかける時間は、私の人生で貴重なひとときとなりました。

「ライフワーク」を見つける3つの掛け算

考え続ける中で、見えてきたことがありました。それは、人生を賭けるべきライフワークには、3つの掛け合わせが大切だということです。

①「自分の好きな（興味のある）こと」

②「自分ができること」

③「自分にとって〝社会的意義がある〟と感じられること」

この三者が交わる領域で仕事ができ、なおかつ自分や家族が食べていけるだけの収入を得られたら、きっと幸せになるだろうと気づいたのです。

実は、みらいワークスを立ち上げる前、「〝環境問題〟を解決するための仕事はどうだろう？」とアイデアを持ったこともありました。ちょうど東日本大震災や福島第一原発事故が起きた時期で、世の中の人の助けにもなるし、社会的意義のある仕事がしたいと考えていた時期です。実際に東日本大震災の直後のゴールデンウィークには、チェルノブイリ原発にも足を運び、原発と自然、サステナブルな社会について、現地で体感してきました。

しかし、この視点は、③「社会的意義」は大きかったものの、①と②の視点が抜け落ちていました。つまり「社会的意義は大きい」けれども、環境問題を大学で学んだわけでもなく、放射能に詳しいわけでもない自分に「できること」は少ないと気づいたのです。ましてや、「自分が好きな興味範囲」でもありません。チェルノブイリの荒れ果てた光景に心を痛めはしたものの、「これは自分が起業してどうこう」という領域ではない。ここに興味を持つ人に任せるべきだと感じてしまったのです。

世の中に社会企業家は数多くいますし、「人々の助けになる、社会的インパクトの大きい起業」というのも、素晴らしいと思います。ただし、そういう活動をしている人も、結局は根底に「好き」という思いが横たわっているのではないでしょうか。「好き」という言葉がふさわしくないなら**「どうにかしたい」「とても気になる」「それに関わっていると時間を忘れる」**などの心的状況です。そうした熱意・情熱があるからこそ、人は没頭してその仕事にまい進することができるわけです。自分にもそうした領域が、必ずあるはずだと、さらに思考を巡らせました。

①「自分の好きな（興味のある）こと」で、なおかつ②「自分ができること」③「社会的意義のあること」とは何だろう。グルグル考え続ける中で、たどり着いたのが、「地方創生」「中小企業支援」「海外とのつながり」の3つに取り組みたい人材をサポートすることでした。そして、それを実現するために必要なのは、現状1つの企業に留まってしまっている「プロ人材」を解放することだという答えに行き着きました。

私は今、自分が定めたジャンルで仕事をできて幸せです。ただし、自分なりの答えに出合うまでは、迷いながら歩き続ける期間も必要でした。わざわざ飛行機に乗りチェルノブイリにまで飛んだり、鉄道や船を乗り継ぎ日本全国47都道府県を巡ったりする中で、ようやく出合えたのが、自分なりの「ライフワーク」のヒントだったのです。

どんなに考えても「自分の『好き』が分からない」としても、焦る必要はありません。そう簡単に「好き」は見つからないものですから。

「昔から旅好きだったから、日本と世界を結ぶ仕事に就きたい」「機械が好きだから、製造の仕事に関わりたい」「ファッションが好きだから、アパレルに関する仕事をしたい」、そんな「好き」から始まるのが理想的なライフワークですが、自分の「好き」が分からないなら、まずは第一歩を踏み出してみてはいかがでしょうか。「好き」は意外なところに隠れているもの。自分でも知らなかった「好き」と巡り合うまで、私のようにリアルに旅をするのもいいかもしれませんが、よりお勧めなのは、仕事をしながら探すこと、つまり「副業」なのです。

「好きな仕事」に好きなだけ没頭できる

「好きなこと」って、いくらでも没頭できますよね。子ども時代、昆虫にハマった人なら、いくらでも野原で虫を追いかけて走り回っていたはずですし、読書好きな人は、いくらでも本を読み続けることができたはずです。**「好き」という感情は、人間の労力・時間・体力・気力を駆動する、とてつもないエネルギーになります。**

ところが、「好き」を仕事にすると、困った事態も発生します。なぜなら、その「好きなこと」に寝食忘れて没頭するのが、法律で制限されることになるからです。

もちろんブラック企業は考えものですが、本人がある程度のグラデーションから選べるのが一番望ましいのではないでしょうか。貪欲に「学びたい！」時期、短期間で「成果を出したい！」時期、学び直しに「挑戦したい！」時期、「家族との時間を優先したい！」時期など、いろいろありますよね。それらを自分で取捨選択できる人生こそ、まさに理想的ではないでしょうか。

最近では「ホワイト職場」を目指すあまり、上司が若手社員に遠慮しすぎて叱れず、若手は「学びにならない」と意欲低下につながっているという話も聞きます。「もっと鍛えてほしい」と若者が望んでいるのに、シニアやミドル層が遠慮してしまうという、逆の構図も浮かび上がっているのです。

これは大きな声では言えませんが、人生のある時期、「めちゃくちゃハードに（ブラックに）働いてみる」という経験も必要なのではないかと、私自身は思っています。

今はどこの職場も非常にホワイトです。長時間労働禁止、パワハラなどもってのほか。労働者のライフワークバランスを尊重する視点は大変重要ですが、正直、自分自身を振り返ってみても、20代の頃のめちゃくちゃ密度の濃かった働き方がなければ、今の自分はいないはずだと感じます。研究開発や新規事業開拓に携わる人からも、同様の声は届いてきます。時には根を詰めてゴリゴリに成し遂げたい事案もあります。それこそ社会を変えるような偉業を成し遂げたメガベンチャーも、初期メンバーはみんな、オフィスに寝袋を持ち込んで働いていたなどのエピソードに溢れています。

これは完全に余談の夢物語ですが、もし、地方自治体に「がんばる特区」なんてものをつくって、「平日も休日も好きなだけ仕事していいですよ！」とＰＲを打ったら、おそらく、日本中からたくさんのスタートアップ企業・ベンチャー企業や人材が集まるのではないでしょうか？
その点フリーランスの場合は、誰も働く時間を管理してくれないからこそ、休息や体力回復の時間もすべて自分で調整しなくてはなりませんが、逆に言えば「今はこれを集中してやりたい」時期には、「思いっきり没頭できる」特権があります。

「今日はこの作業がスイスイ進むから、深夜までやって仕上げてしまおう」
「週末は旅行に行くから、今週はオーバーワーク気味だけど金曜までに終わらせよう」
「先週はずっとハードワークだったから、今週は少しのんびり働こう」

こんな風に、**自分なりに働き方を調整できる**のが、「フリーランス」としての働き方のいいところです。

「キャリアポートフォリオ」の落とし穴

さて、自分の「好き」を探すのが「ライフワーク」発見の第一歩ならば、次にやるべきことは、ご自身の「キャリアポートフォリオ」の制作です。

第1章では、「チャンスの女神の前髪をつかむ」ことの大切さを述べました。そのときに必要なのが「1万時間の法則」であることも。**「好きを仕事に」するためには、その仕事に必要な能力やスキルがあることが前提**です。それを示すのが、**「キャリアポートフォリオ」**、いわゆる**「職務経歴書」**です。

もし「アルバイト面接で履歴書は書いたことあるけれど、職務経歴書は書いたことがない」のであれば、ぜひこの機会に、「職務経歴書」を書いてみてください。どこかに出す予定など不要です。架空の転職先を想像しながら書いてみてください。

逆にここで、「なんだ、職務経歴書か。当たり前のことを言うな」と思った人のほうが、むしろ要注意かもしれません。

例えば、こんな「職務経歴書」を書いて、提出しようとはしていませんか。

「○○大学の○○学部を卒業し、○○商事の○○部署で、肩書は○○で○年やってきました」

もしこれを出すと、書類選考の通過率がガクンと落ちること間違いなしです。

「○年次長、○年課長、○年部長」というように、職務経歴書にありとあらゆる肩書を書き連ねている人が時々います。

これは、いの一番に企業から敬遠されます。なぜならこのような経歴書は自分以外の「看板」を示しているにすぎず、当の本人の姿は何も語っていないに等しいからです。実際、このタイプの人にこれまで従事してきた詳しい業務内容を尋ねても、あまり明確な回答は返ってきません。「そのプロジェクトであなたはどういう役割を担っていましたか」と聞いても、具体的なエピソードが出てくることは、まずないのです。

「ミッション」「ストーリー」「アウトプット」を言語化しよう

では、理想的な「職務経歴書」、「キャリアポートフォリオ」とはどういうものでしょうか。それは**関わってきた仕事の「ミッション」や「ストーリー」を語れること、仕事において自分がどんな具体的「アウトプット」をしてきたかを語っているもの**です。

上司から与えられたタスクやＴｏＤｏリストをこなしてきただけの人は、この「ミッション」「ストーリー」「アウトプット」を語ることができません。全体像を把握することも想像することもなく、ただ目の前の「作業」をこなしてきただけであることが、「職務経歴書」から透けて見えてくるのです。

当然のことながら、「会社としての業績」や「部署としての成果」＝「その人の価値」ではありません。大勢が仕事に携わる組織での〝華々しい成果〟を披露されても、その人がどれだけ貢献したかは見えてきません。ややもすると、企業の実績にただ乗りするフリーライダーの可能性だってあるわけです。

「本当にこの人が大きな実績を果たしてきたならば、企業はその人を引き留めるはず。当人にしても、なにも実力を発揮できている会社から転職する必要はないはずだ」。下手をすればそんな勘繰りもされるかもしれません。

そうならないためには、**「その組織の、どういう立場で、どんな役割を果たし、それが結果にどう結び付いたか」のストーリーをきちんと言語化する**必要があります。

ストーリーは必ずしも華々しい成功エピソードで彩られていなくても構いません。なんだったら「起業して失敗した」「こういう企画を組んだが、意図せぬ結果に終わった」という失敗談であっても、そこに明確な意思と意欲さえあれば、採用者は納得します。

大切なのは、その〝失敗〟から何を学んだか。その学びを次にどう活かしたいのか。その知見はこの企業でどう役立つのか。そうした深いところを、採用者は見極めたいのです。

フリーランス人材ともなれば、自ら課題を見つけ、解決していく力が求められます（本来は、会社員にも求められるはずの力なんですけどね……）。

その組織が何を望んでいるのか、時には言語化できない要望までをも察知して、提案していく機転や想像力が求められているのです。

要するに、「口を開けて餌を待っているヒナ状態の人はいらない」。これが企業にとっての本音であり、目の前の応募者が、「ヒナ」なのか、「独立したフリーランス」なのかを、採用者は見極めようと目を凝らしているのです。

肩書を失ったとき、あなたに残る実力はあるか？

大きな組織では、上司から「これをやってくれ」とＴｏＤｏリストを渡され、それをこなしているだけでも〝仕事〟はできるかもしれません。組織の仕組みがよくつくられていればいるほど、誰もがいっぱしの仕事をできているような錯覚にも陥ります。大企業の看板や肩書さえあれば、「会いたい」と言って断られることもないでしょう。企業名を出すだけで、相手は恭《うやうや》しくあなたをもてなしてくれるかもしれません。

でも、それはあなた個人の実力ではありませんよね。

組織の看板や肩書をすべてはぎ取ったのちに、あなたには何が残るでしょうか。「○○会社の○○部長」の名刺を失ったあなたに会おうとする人はいますか。あなたに仕事を任せようという人は、どれだけいるでしょうか。

厳しい言い方になりますが、「企業に頼らず独立独歩で生きていく」とはそういうことです。もし、ご自分の職務経歴書をしっかり書いたことがないならば、まずご自分のスキルの棚卸しから始めてみてください。

「自分は何ができて、何が好きで、何がまだ不得意なのか」。

それを知ることは、実は安心にもつながります。「自分は転職なんてできない」と不安を抱いている間は、見えない幽霊と戦っているようなもの。その不安が可視化されれば、次の対策も立てられます。

まずは「5W1H」を意識して、**「いつ・どこで・誰と・どんなプロジェクトを、なぜ、どのように」遂行した**のか、書き出してみてください。その過程で、「意外と俺は何もしていなかったな」となるのか、「意外と重要なポジションを担っていたのではないか」と気づくか、それはドキドキする時間でもありますね。

もしかすると、「自分はスキルがない……」ことに気づくのが怖いという人もいるかもしれません。でも、ここで自分と向き合う時間をつくることが、重要なスタート地点になります。もし今何もないように感じたとしても、しっかりした企業に何年も勤めていれば、何かしらは役立つスキルを持っているはずです。周囲の人に客観的な意見ももらいながら、ぜひ挑戦してみてください。

「やりたい仕事」を、本業ではなく副業で

大人になると、誰しも100%望む人生を歩めるとは限りません。特に仕事に関しては、「本当は○○がやりたいのに……」「本当は○○の部署でキャリアを積みたかっ

たのに……」という失望感を抱くこともあるでしょう。

せっかく会社に勤めているのに、自分のやりたいことに挑戦できない。そんなときにも副業でのチャレンジがお勧めです。

ここで一例を紹介します。不動産系の会社でIR関係の仕事に勤めていた人が、「副業」でマーケティング・ブランディングビジネスに従事するようになったエピソードです。きっと、皆さんのキャリアとかけ離れた夢物語ではないことに、気づいてもらえると思います。

30代の山本さん（仮名）は、日本を代表する総合不動産デベロッパー企業のグループ会社で働いていました。主な仕事はIR関係で、日々の仕事はやりがいも大きく、充実した日々を過ごしていました。

一方で、山本さんの大学時代の専攻はマーケティングで、いずれはその方面にキャリアチェンジしていきたいとの思いも抱いていました。社内でも希望は出していましたが、なかなか通りません。そこで山本さんは発想を変え、副業でマーケティング分野を募集している企業を探し始めたのです。

縁あって副業を得たのは、鳥取県の中小企業でした。〝中小〟とはいえ、そこはM&Aを繰り返すことで企業規模をかなり大きくしてきた会社でした。ただ、多様な企業を吸収合併したことで、グループ全体のブランドがぼやけてしまい、「改めてブランディングを見直したい」「地元に対してもきちんと企業価値を発信していきたい」と、ブランディングのプロを副業枠で募集していたのです。

山本さんは応募者18倍の競争を勝ち抜き、見事、副業としてのブランディング担当の地位をゲットしました。本業と職種が異なることは応募段階での懸念材料ではありましたが、大学でマーケティングを専攻していたこと、本職でのキャリアもしっかりと評価されたこと、なにより山本さんご自身の真摯な人柄とコミュニケーション力が功を奏して、無事18倍の難関を突破することができたのです。

その後も山本さんと企業の関係は良好で、すでに1年を経過していますが「副業」は順調に継続しています。おそらく副業での経験は今後、本職でも活かされていくことでしょう。次に社内でキャリアチェンジを望むとき、「外部の企業でこれだけマーケティングやブランディングの仕事をしてきました」と実績を示せば、社内異動でもご自身の希望に近いポジションが見込めるはずです。

また、山本さんが特徴的なのは、本職を辞めるつもりはないということです。本業である会社の待遇も給与も福利厚生もすべてにおいて、山本さんは満足しています。ただ、自分の中の選択肢を増やすことで、漠然とした将来の不安もだいぶ解消されました。もし将来的に、会社で実力を発揮できない立場になったなら、50代、60代で独立して、フリーランスのブランディング・コンサルタントとして活動もできるはずです。

生きるための選択肢が増える。

こんな実感を持てるのは、「副業」経験者ならではの大きなメリットです。

「会社のせいで」をやめることから始めよう

山本さんの例で学べることは、もう1つあります。

それは**「○○のせい」という他責の念を捨て、自責で生きる**ということです。

本来、マーケティングをやりたかったのに、ずっと違う分野で働いてきた違和感を拭いきれなかった山本さんですが、「会社のせい」にしなかったことが見事でした。

転職支援の現場にいると、自社の悪口を延々と繰り返す人も、よくいます。

そうした人の転職・独立動機は極めて単純です。「自分の望む生き方を会社が叶《かな》えてくれないから離職する」という動機です。これは山本さんの副業動機とは、似て非なるものです。

会社と個人の関係は、ギブ&テイクです。会社から報酬や成長の機会を与えてもらう代わりに、仕事の成果を返す。それが本来の関係性であるべきなのに、後者のテイクを提供せず、会社からのギブだけを待っている間は、社内でも社外でも活躍できる人材とはなりません。

今いる職場が気に入らないから転職する、フリーランスになる。

こういう人が次のステップを求めても、大抵うまくいきません。次の職場ではまた新たな文句を羅列して、「自分はもっとできるのに」と自説を繰り返すことでしょう。今いる場所で、自ら成長の機会を求めることなく、ただただ評価してもらうことだけを求めている、「青い鳥症候群」の特徴です。

人生100年時代に欠かせないのは、自分の人生を自分の足で歩む覚悟です。人生にレールは敷かれておらず、自ら1本1本敷いていかなくてはならないのは、仕事においても同じことなのです。

こんな厳しいことをあえて言うのも、私自身かつては「他責の人」だったからです。

私の経歴はすでに述べた通りですが、20代の私はこう考えていました。

「もしあのままアクセンチュアで働いていたら、もっと別の人生を歩めたのではないか……」

見事に自分の人生を歩んでいない。誰かのせいにすることで、自分自身の人生すら放棄しかけていたのです。でも振り返れば、その経験までもが自分の財産になっていると気づけたことが、私にとっては幸いでした。

ただの副業より「ホワイト副業」を

私はこれまで一貫して、「社外に出よ!」「副業をしろ!」と言い続けてきました。

しかし、社外に出さえすればなんだっていい、というわけでもありません。

ざっくりと優先順位をつけるとすると、以下のようになります。

①フリーランス　＞　②「ホワイト副業」　＞　③ボランティア

ここで1つ注意をしておきたいのは、まったく自分の専門外の分野で副業などをしても、ステップアップには結び付かないという点です。

例えば、自分はメーカーに勤めているのに、副業として簡単な動画編集や飲食店の出前などのギグワークをやってみようという人がいます。

単純に「お金を稼ぎたいから」なら、それでもいいのかもしれません。でも、将来的に第二の人生を歩むためのスキルアップを目指すなら、自分の領域を広げたり深めたりする仕事でなければ、意味がありません。自分しかできない価値を提供できるような「副業」「プロボノ」「ボランティア」を選ぶべきなのです。

その際、報酬の多い少ないは関係ありません。むしろ大切なのは、**自分の専門分野のスキルを提供することで、「誰かが喜んでくれる体験」を持つ**ことです。自分が主体的に動きアイデアを出すことで、誰かを幸せにできたら、それはかけがえのない喜びになるはずです。

特に今、大企業の歯車として動いているにすぎないという感覚を、もしあなたがお持ちなら、ぜひそういう体験を一度でも味わってほしいのです。本来「人を幸せにする」ために働くのが仕事であるべきなのに、そんな根源的な動機を失いつつある人にとっては、重要な原点回帰になるはずです。

そして、できることならば無償のボランティアより、**少しでもいいから報酬を得る**ことを私はお勧めしています。「無料」はどうしても、アウトプットに妥協が生じがちだからです。技術提供する側は、「無料なんだから、この程度でいいだろう」と甘えてしまうし、依頼する側も「無料なんだから、これ以上を求めるのは申し訳ない」と遠慮が発生してしまう。当然、成果もクオリティが一段低いものとなりがちです。

もちろん「純粋な好意から支援をしたい」という意味でのボランティアならばいいですが、もし、キャリアアップを意識して力試し的に行うのであれば、対価が発生しないと、真剣さやヒリヒリ感を味わいにくい。少額でも「仕事」として引き受ける責任感と、達成感を、どうか味わってほしいのです。

「ボランティアと言ったって、そもそも誰かに提供できるようなスキルなんてないよ」と、敬遠する人もいるかもしれません。しかし、これは皮肉でもなんでもありませんが、〝大企業の歯車〟としての体験でさえ、小さな企業では貴重な知見になることは多いのです。プロジェクトの工程管理、各部署の調整事、スケジュール管理、これだけで1つの職として成立するほど重要なスキルです。そう、企業で働いている人たちはみんな、気づかぬうちに、様々な場所で人を幸せにする能力を、すでに持っているのです。

年代別・ベストな働き方（20代、30代、40代、50代）

ここで年代別の働き方アドバイスを、僭越《せんえつ》ながら、させていただければと思います。「人生100年時代」、20代にはどのような働き方がベストか、30代は、40代では、50代以降は、どうなのか。

まず20代は、いったん企業に所属することをお勧めします。「フリーランス化」の魅力をこれまで述べてきた私ですが、新社会人としての第一歩目からフリーランスは、さすがにハードルが高いです。よほど実力があったり、知名度があったり、天才的な技術があったりと、傑出した能力があれば別ですが、最初は企業という絶好の学びの場を大いに活用することをお勧めします。

特に本書で扱う「ＢｔｏＢ」を対象にしたフリーランス人材の場合、専門分野の知見はもちろんですが、組織内での働き方、企業文化の理解も欠かせません。

20代は「企業の採用意欲が一番大きい」貴重な時期です。この年代ならではの若さの特権を大いに活用して、ビジネススキルの基礎を身に付けてください。「仕事」のイロハが身に付いたら、得意領域を伸ばし、将来のフリーランス化も視野に入れながら、ビジネスパーソンとしての「人生１００年時代」を思い描いてください。

30代では、独立に向けての最初の一歩を踏み出すことを推奨します。ボランティア、プロボノ、副業、転職、フリーランスなど、いろいろな選択肢があります。

この年代で一度は慣れ親しんだ組織を飛び出し、外の世界を見ておくことが、20年後、30年後に大いに生きてきます。逆に言うと、30代で挑戦を一度もしていないと、40代以降、さらに腰が重くなることを覚えておいてください。仮にここで転職や独立にチャレンジして、失敗したとしても大丈夫です。まだまだ転職市場はウェルカム状態ですし、古巣の会社に戻る選択肢だってあるでしょう。

40代では、いよいよ「キャリアポートフォリオ」を整理してください。自分は何ができて、何ができないのか。40代といえば組織の中でもミドル層。出世街道の最後のチャンスです。家庭を持っていれば、仕事と家庭の両立も悩ましい時期かもしれません。実際に転職や独立をするかはさておき、「いつでもこの企業を離れることができる」準備をすることは、意外と心に平安をもたらすものです。

50代以降は、本格的に将来の「フリーランス化」への覚悟を持ったほうがいいでしょう。遠からず企業からは正社員とは異なる雇用形態を打診されるかもしれません。……というと、悲愴《ひそう》な感じになるかもしれませんが、必ずしもそうとは限りません。50〜60代は、20代と比べたら体力も柔軟性も失われつつあるでしょうが、20代にはない経験値、交友関係、交渉術、根回し術、飲みニケーションも含めた人間味溢れるビジネススキルを持っています。

その年代でプロのフリーランスとして活躍している人は、もはや経営者のごとく振る舞っています。高所からの視点、大局観からのアドバイス。トップ・オブ・ザ・トップのビジネスパーソンは、他の経営者トップの相談相手としても大いに期待され、実力を発揮している人も多くいます。

経営者とは孤独なものです。自社の社員には漏らせない愚痴や、悩み、相談事を、外部のプロ人材に持ちかけることもあります。若者には分からない悩みも受け入れられる包容力が、シニア世代においては評価されることもあります。どうぞ来るべき定年退職後の第二の人生に、壮年期ほど苛烈でなくても、自分なりのペースでやりがいや生きがいを感じられる仕事を探し出してください。

「不確実なことを楽しむ」マインドセット

2012年にみらいワークスを設立して以来、日本にプロ人材を解放することを目指してきました。微力ながら貢献できた部分もあるかと自負していますが、そんな私の努力とは関係ないところでも、多様なフリーランスが日本で誕生してきていることを肌で感じています。

最近、驚いた話題は、フリーランスのクラフトビール醸造家がいることです。日本でも6人くらいしかいないそうですが、「カッコいい!」と素直に思ってしまいました。フリーランスの酒造家、フリーランスの教育家、フリーランスの哲学家、フリーランスの料理家……、実はすでに多種多様な「フリーランス」が日本でも活躍しているのですね。

彼らは独自の領域でのスキルと「ポータブルスキル」を身に付け、日本各地で仕事を行っています。日本どころか世界に飛び出しても、やっていけるでしょう。

そんな彼ら、彼女らに備わっているのは、**「不確実性を信じる力」**だとも感じます。

会社が提供してくれる働く場、学ぶ場、給与を与えてくれる場、そうした「安定」を手放し、我が道を歩むと決めたからには、その根底には「不確実なことをも楽しむ」マインドが潜んでいるはずです。環境が数か月ごとに代わる、毎回メンバーが変わる、土地が変わる、仕事内容が変わる、そうした変化にワクワクできる人、「今度はどんな仕事が待っているだろう」と、自ら探し歩くことに喜びや楽しみを見出せる人。そういう人は、「フリーランス」としての資質が十分に備わっています。

フリーランスの真の報酬は「次の仕事」

フリーランスにとって、一番嬉しいことは何だと思いますか。

「自由な時間を得られる」「好きな仕事に挑戦できる」「お金を自由に稼げること」「いやな仕事をしなくて済む」「煩わしい人間関係にも悩まずに済む」……、ちょっと考えるだけでいろいろ思い浮かびますが、特に嬉しいのは「ぜひ次もお願いします！」と感謝される瞬間です。「自分の仕事が評価された」と感じる瞬間、私は「あぁ、これぞ生きている感覚だ」と背中がゾクゾクします。

仕事でワクワクできる、ドキドキ興奮できる。時にはそれがハラハラした焦りや、ヒリヒリした危機感に変わることもありますが、そういう危機を乗り越えて、仕事をやり遂げた瞬間にこそ、「仕事をした！」という実感に浸れるのです。

そんなフリーランスにとって最高の報酬は、実はお金ではありません。「次の仕事」なのです。企業勤めは、毎月決まった給与やボーナス、充実した福利厚生などを受けることができます。それはとても心強いことで、明日の食事や翌月の資金繰りに頭を悩ますことなく、安心して生活ができることは、それだけで代えがたい価値です。

ただその反面で、自分の仕事が正当に評価されているのか、この給料は自分の仕事に見合っているのかを、実感しにくいというジレンマも抱きがちです。

実際に、企業勤め人の多くがこう言います。

「自分がこの仕事をやる意味は、果たしてあるのだろうか」

「自分は企業にとって必要な存在なのだろうか。代替可能な存在ではないのか」

「自分のやった仕事が、見えにくい。誰のためになっているのだろうか」


人生の一時期、そんな悩みに陥るだけならいざ知らず、長い人生そんなもやもやとした感情にとらわれ続けるのはもったいない。人生100年の大半を占める「仕事」です。どうか心をワクワク躍らせ、「さあ次の仕事にとりかかろう!」と毎朝思えるような「ライフワーク」を、皆さんが見つけていってくださることが私の願いです。

[個別インタビュー③] フリーランスの本音

大手商社マンから独立、新興市場タイで起業に挑戦

杉並さん（30代・男性）

大手総合商社で順調にキャリアを積んできた杉並さんは、30代半ばにして独立を決意し、家族と離れて単身タイで起業した。年収は5分の1にまで低下したが、「やりたいことに挑戦できている実感がある」と語る。〝安定〟と引き換えに得た人生の充実感とは――。

[経歴]

大学卒業後　大手総合商社に入社。ロシア、欧州、アジア、アメリカなどの20か国に及ぶ地域で、主に機械領域事業を担当

30代半ば　商社を退社。東南アジア・タイで起業

Q1　２０２１年に起業されました。現在の仕事の様子を教えてください。

杉並　タイで起業し、ブルドーザーなどの建設機械や農業機械などのアフターマーケットにおける新分野サービス創出にまい進しています。もともと前職でも専門は機械領域でした。機械は購入後のメンテナンスが重要ですが、現在のアジアにおいて、アフターマーケット領域の質と効率はまだ高くありません。修理や部品調達などの領域の効率化を目的としたデジタルサービスを提供する会社を立ち上げました。

Q2　なぜ、日本ではなく、海外での起業を選ばれたのでしょうか。

杉並　商社に12年ほど勤めましたが、正直もう「日本はこのままではダメだ」と感じてしまったからです。国内市場はこれからシュリンクする一方で、海外でもプレゼンスが落ちていることを実感しました。日本企業は基本的に日本で事業をつくってから、海外展開を目指します。でも、もうその手法では海外で勝つのは難しくなっています。最初から現地で起業し、その土地のニーズをすくいとって勝負をしていかないと、未来はないと思っています。

Q3　これまで世界各国で仕事をされた中で、ご自身の起業先にアジアを選ばれたのはなぜでしょうか。

杉並　僕は上海生まれで、小学校5年生まで上海で育ちました。80年代、90年代の上海は、今とは比べ物にならないくらいの田舎で、自家用車もほとんど走っていない状態でした。それがわずか20年足らずで、日本を追い抜く勢いで急成長しました。同じ勢いが、これからのアジア各国で再び見られるはずです。欧米は町並みもきれいで成熟していますが、むしろチャンスの宝庫、市場発展の余地が大きいのはアジアです。その現場で自分も勝負したいと思いました。

あと、アジアはシンプルに食事も合いますし、人間も同じアジア人同士。酒を飲んで盛り上がることができて、働いていて一番楽しいのがアジアでした。僕は日本には戻らず、アジアに骨をうずめる前提で来ています。

Q4　新しいことに挑戦したい会社員は大勢いると思いますが、なかなか〝安定〟を手放せない人も多いようです。起業の背中を押したのは何でしたか。

杉並　せっかく自分がコミットしていろいろ事業をつくっても、現地でその任に当たるのは別の人間……という、自分的にはかなり失望に近い出来事が何回か続き、ならば自分自身で一から始めてみようと思ったんです。

正直、前職に大きな不満はありませんでした。大きなことにも挑戦させてくれましたし、「これをやりたい！」と手を挙げ続ければ、いつかその役を任せてくれるチャンスもありました。だけど、年次が上がっていくにつれ、だんだん管理職的な仕事も多くなっていったのも事実です。

最後の上司はアメリカ人でしたが、連続起業家でもありました。過去に何度も起業している方で、たまたま僕と出会ったときは会社員でしたが、僕より一足先に退職することになり、「退職して何をするんですか？」と聞いたところ、「やりたい事業があるので起業する」と。当時彼は55歳くらいだったはずです。「カッコよすぎる！」としびれました。

自分はまだ1社しか経験していないし、起業なんかしたこともない。でも、まだギリギリ30代で、がむしゃらに働くこともできる年代です。体力のある間に、自分も挑戦したいと思い、働き慣れた組織を飛び出しました。

Q5 とはいえ、いきなり「独立」はハードルが高いように思います。まずは、「転職」の選択肢もあったのではないですか。

杉並 実は過去に二度ほど、転職活動をしたこともあったんです。ですが正直なところ、当時勤めていた会社以上に魅力ある企業は見当たりませんでした。給与や待遇はもちろん、仕事としての自由度や、挑戦できる事業の規模も。だから、辞めるときは「転職」ではなく「独立」しかないと覚悟を決めていたんです。逆に言えば「独立」しないなら、あのまま会社で働き続けたほうが、断然賢い選択だと今も思います。

Q6 「商社を辞めて独立する」と宣言したときの、周囲の反応はどうでしたか。

杉並 上司は驚いていましたが、よくよく考えたうえでの辞表だろうと、応援してくれました。妻も、僕がいろいろ悩んでいることを知っていたので応援してくれましたね。

一番リアクションが大きかったのは、実は義母でした。

「〇〇商社の杉並が〇〇商社を退職したら、ただのスギナミじゃないの！」と（笑）。
今でこそ笑い話ですし、その後全面的に応援もしてくれていますが、当時は印象的なコメントでした……。しかし、これが世間一般の反応を代表するものかなとも感じましたね。

Q7　独立に際して、不安はありませんでしたか。

杉並　なかったというとウソになりますね。僕は商社出身ですが、確たるハードなスキルは持っていません。公認会計士とかプログラマーとかと違い、「これができます！」と一言で言い表せるものがない。そこは正直、不安もありました。
ただ、やってみると、意外にこれまでの仕事で培った経験が生きる場面は多かったです。商社の仕事は幅広く、個人商店に近いとも感じています。商品を売り、代金も回収し、契約もつくり、スキームもつくり、場合によっては現地法人を立ち上げ、採用もし、軌道に乗せていくのが商社の仕事の本質です。何か1つの「これ」といった専門性はないし、各分野の専門家にはどうしたって太刀打ちができない。でも、会社の運営を一通り学んだことは、僕の強みになっているのかなと思っています。

また、商社時代には子会社をつくった経験もありました。採用担当も兼ねていたのですが、当初「起業経験のある人」を採用したかったのに対して、50人くらい面接した中で、そういう人はほぼ現れなかったんです。つまり日本の転職市場では「起業経験者」や「自分でビジネスを興した人」というのはほとんどいない。裏を返せば、起業がうまくいかなかったとしても、その経験をアピールすれば食いっぱぐれることはないだろうと、楽観的確信にもつながりました。

Q8　現在の課題、問題点はありますか。

杉並　本業がまだ大きく成長軌道に乗れていないので、副業も兼ねて何とか回っている状態でしょうか。幸いタイは物価も安く、食べる分には苦労していません。子どももまだ小さくて教育費もかかりません。日本にいる家族も、妻の実家で暮らしているので、数年間は我慢のしどころ、挑戦時期と捉えています。より大きな価値創造を実現して、事業が大きく成長すれば、家族をタイに呼びたいと思っていますが、それまでは家族と離れて単身赴任状態。それが1つ犠牲を払っている部分ではありますね。

Q9 今後のライフプランを教えてください。

杉並 せっかく起業したからには、ユニコーン企業を目指して頑張りたいです。この事業を大きく育てた後、もう一回別の起業をしたいとも考えています。今はソフトウエアや仕組みの部分で事業化していますが、もともと僕の大学の専攻は機械工学なんです。本心のところでは、ソフトウェアもいいけれど、触ることのできるハードウェア、機械そのものをやりたい。もっともそうなると、より大きな資金調達も必要です。今はまだ起業家としての信用もないので、まずは1回目の起業で実績を築いてから、次なる第一歩に踏み出していきたいという夢を持っています。

Q10 将来、「起業」を目指している人に、アドバイスをお願いします。

杉並 ここまで話しておいてと思うかもしれませんが、正直、給与・待遇・安定だけなら、大企業雇用に敵うものはないと考えています。あえて「これをやりたい！」という強い希望がないなら、安易に退職・起業はしないほうがいいだろうとも思っています。

でも、かつての僕がそうだったように、「男として一旗揚げたい！」（女性でも！）という感情がくすぶっているなら、一度試してみる価値は大いにあると考えています。

かつては商社出身者の転職先といったら、投資銀行や外資系コンサルなど、商社より〝格上〟とみなされる職業が中心でしたが、ここ10年ほどで潮目が変わってきています。大企業出身者でも、自ら起業したり、ベンチャーに転職したり、より多くの選択肢の中で、自分の実力を試す人が増えていると体感しています。

また、60歳、65歳を超えてからどうやって働いていくのかという課題もあります。漠然とした不安を抱えているより、まずは「副業」とかで自分の力を試してみると、いろいろ自信も湧くと思うんです。「他でも食べていけそうだ」となれば、逆に「今の本業でもうちょっと頑張ろう」という前向きな気持ちも生まれるかもしれません。

もし「副業」禁止の会社なら、「無料で手伝う」だけでも全然いいと思います。「世の中こんなことをやっている人がいるんだ！」「こんな世界があるんだ！」と発見したり、ネットワークが広がったりするだけでもワクワクしますし、将来の展望が少し明るくなると思います。「一通りやってみたけれど、やっぱり今の会社が一番いいね」となれば、そこでどっしり腰を据えて、頑張る道も見えてくるでしょう。

第6章 「自由な働き方」の戦術

どんな働き方にも、メリット・デメリットはある

さて、本書も残すところあと一章となりました。

ここまで企業に頼らない働き方について見てきましたが、もしかしたら中には、「うまいことばかり言って、都合の悪いことは全部ぼかしているんだろう」と思われた人もいるかもしれません。ここでは、そんなご懸念に応えるべく、「フリーな働き方が陥りがちな落とし穴」と、その対策を見ていきます。

どんな職業、どんな働き方でもメリットとデメリットがあります。「この働き方が世界最高！」と断定することはできません。大企業勤めが性に合っている人もいれば、フリーランス気質の人もいます。1つのことを極めたい人もいれば、複数の副業を持ち世界を広げたい人もいます。それぞれの価値観やライフステージに応じて、柔軟に働き方を見つけていければいいと私は思っています。

「組織で働くことで得られるメリット・デメリット」があると同時に、「フリーラン

スとして働くことで得られるメリット・デメリット」があります。

これまでメリットしか注目してきませんでしたが、デメリットもしっかり提示することで、読者の皆さんに判断してほしいのです。

業務委託という働き方の落とし穴

まず、「業務委託」や「フリーランス」という言葉を、知っているようで知らない人も多くいるので、この整理を、今一度しっかりしておきましょう。

会社に勤めている場合は、何かトラブルや不具合、事故が起こっても、基本的に会社が責任を取ってくれます。会社の看板が信用となり大きな盾となってくれるのです。しかし、フリーランスで働く場合は、そうした庇護《ひご》はありません。すべてのミスは、**ダイレクトに自分に跳ね返ってくる**のです。自由に仕事を選べて、裁量もあり、自分の力を実感できる一方で、細かい契約関係も、自分で管理をする必要があります。

自分に求められるものが何かを正確に把握しないことには、いざ問題が起きたときに、身を守ることはできません。しっかりと理解しておきましょう。

フリーランスが企業と業務委託契約を結んで働く際、実は2種類のタイプが存在します。1つ目が「請負契約」で、2つ目は「準委任契約」です。

「請負契約」は、成果物を納品することで対価が支払われるタイプです。多くの人が「フリーランス」と聞いてイメージするのは、こちらかもしれません。

「準委任契約」は、役務・稼働を提供し成果を出すことで対価が支払われるタイプ。こちらは「企業で雇用されて働く」のと似ています。企業が定めた時間に稼働して、期限内に求められるパフォーマンスを発揮することで報酬が支払われます。

このどちらになるかは、依頼する企業側の要望によりますが、大切なのは、自分は今後どちらのタイプで働くのかを、正確に把握することです。

仕事内容によって、どちらが効率いいのかも変わってきます。どちらのタイプの契約形態がいいのか選ぶこともできますし、食わず嫌いせず、双方を試してみるのもいいかもしれませんね。

働き方はたった1つではありません。多様なタイプを組み合わせることで、「数年後に実現していたい理想の働き方」を目指すのでもいいのではないでしょうか。

お金周りもすべて自己責任

次にフリーランスが陥りがちな落とし穴「キャッシュフロー事情」を見ていきましょう。フリーランスのキャッシュフローは、勤め人とは当然大きく異なります。

企業に雇用されている間は、毎月決まった日に決まった金額が振り込まれます。ある程度出費をしても、○日に給与が振り込まれるとなったら計算も立てやすいですし、夏と冬のボーナスを当て込めば、大きな買い物もできます。旅行の予定も安心して立てられます。

では、フリーランスになるとどうなるか。業務委託契約で企業と働く場合、通常は稼働した翌月末の支払いとなります。1月に業務を開始した場合、月末締めの翌月末払いになります。要するに最初の報酬が支払われるのは2月末となり、キャッシュフローは30日以上滞るわけです。

完全な独立フリーランスとして成果物を提出した際は、さらに支払日が異なる設定になることもあります。1月に従事した成果物の報酬が、3月末に振り込まれるなどのこともあります。そのあたりは契約内容に注意が必要です。

「翌月支払われるのかと一方的に当てにしていたら、3か月先だった！」は、なかなか怖いものがありますから。

働いた対価がいつ支払われるのか、その間の生活は大丈夫なのか、いざというときの余剰資金は蓄えているのか、家族のライフイベント用の資金はちゃんと別に管理しているのかなど、金銭的な注意は必要です。

加えて、こうした金銭周りに関する請求書の作成や、領収書のとりまとめ、入金の確認や督促、確定申告に関する書類作成などの税務周り、その他の事務手続きの煩雑さも侮ってはいけません。万事大雑把であいまいにしておき、数年後に未払い税金が一気に徴収される……などの事態に陥ることは、何としても避けたいものです。

フリーランスのほうが儲かるって本当？

フリーランスのほうが、儲かるのか。

会社員として働いたほうが、儲かるのか。

皆さんが一番知りたいポイントは、もしかしたらここかもしれません。

しかし、これはもうケースバイケースとしか言いようがなく、確たる保証や一般化はできかねます。

だからこそ、ここでは確実に分かっていることを述べておきます。

まず、どのような会社に勤めていて、独立後どのような働き方を選んだのか、どんなジャンルのスキルを持っているのかによっても、状況はまったく変わってきます。

年収300万円の会社員もいますし、2000万円稼ぐ会社員もいます。同様に、年収300万円のフリーランスもいれば、2000万円以上稼ぐフリーランスだっています。**「会社員だから稼げる」「フリーランスだから収入が不安定」といった安易な偏見は捨て去るべき**です。

ただ一点思うのは、「年収の高さ」を求めて大企業勤めを望む人は大勢いるのに対して、フリーランスとして働く人の場合、「年収の高さ」を動機として挙げる人は少ないということです。

独立を望む人の多くは、「自由な働き方」「ワークライフバランス」「やりがい」「夢のため」「家族との時間を取るため」など、「年収」以外の動機を語ります。
「企業勤めで給料はたくさんもらっていても、ほとんど家族と過ごす時間がなかった」「昔からの夢だった起業をしたかった」など、その理由は様々です。

人によって人生で大切にする「価値」は異なります。一番大切なのは「お金」だという人もいれば、「体験」「健康」「自由な時間」だと思う人もいます。そこはどうか「収入」だけに注目するのではなく、その他の多くの要素とのバランスにおいて、考えていただければと思います。

ただ、一般的に企業がフリーランスに仕事を依頼する場合、その報酬は会社員と比較して、約1・5倍から2倍ほどに跳ね上がることも付け加えておきます。いわゆる企業によるピンハネがなくなり、依頼金額がダイレクトに自分の財布に入ってくるのですから、当然のことです。「労働時間は減っているのに、収入は増えた」というフリーランスは実際に存在するのです。

もっとも、入金時の金額だけ見て喜んでばかりもいられないことも、追記しておきます。会社員の経験がある人は、給与明細を見て肩を落とした経験はありませんか。せっかく頑張って働いて、結構稼いだはずなのに、こんなにも税金関係で引かれるのか……と。

その点、フリーランスは振込明細書を見るとテンションが上がります。住民税や所得税、年金、保険料が引かれていないのですから当然のことですよね。ただその分、確定申告後に、諸々の社会保険料や税金を納めることになります。

たくさん収入を得たとぬか喜び（?）して、後からガッツリ納めなくてはならないのは、それはそれでまた別の痛みもあります。

このようにフリーランスになると、キャッシュフローの感覚が会社員時代とはかなり異なることを十分に理解をして、ライフマネープランもしっかり立てておく必要があるでしょう。

「健康第一」はフリーランスの必須条件

フリーランスのデメリットとしてよく挙げられるのが、会社の「福利厚生」がないことです。フリーランスになったら、手厚いセーフティネットはありません。個人で年金に加入したり、貯蓄をしたり、投資をしたりといった、資産計画が欠かせません。

会社員だと、その多くは年に2回のボーナスがあり、産休・育休・有給などもあります。体調不良になれば傷病手当金が振り込まれ、退職時には退職金、定年後も厚生年金の支給が待っています。

一方で、**フリーランスは健康第一が必須条件**です。体調を崩しても有給休暇は存在しないので、働けない期間が長引けば、その分収入はダダ下がりしてしまいます。「働かなければ収入がない」。これはフリーランス的な感覚では当然のことですが、長年会社員として働いてきた人にとっては、かなりの不安要素かもしれませんね。会社員に比べると保障が充実しているとはお世辞にも言えず、まさに体が資本だからこそ、「稼ぐフリーランス」はウォーキングやランニング、早寝早起き、健康食など、健康には人一倍気を遣っている人が多いのも事実です。

ここで、「なんだ、やっぱり会社員のほうが安心じゃないか」と思った人もいるかもしれませんが、ちょっと待ってください。こうした事情を考えてもなお、「会社員は安定、フリーランスは不安定」と断言できるかどうか、私は疑問です。

これまでの時代はいざ知らず、こうした手厚い福利厚生が、10年後、20年後も続いていく保証はありません。むしろ、こうした何重ものセーフティネットが強固に存在し続けたからこそ、日本人の大企業信仰は衰えず、人材の流動性も妨げられてきたとも言えます。

過労で倒れて、「補償があって助かった」?

私の知人で、企業での正規雇用だけを選択している人がいました。「会社員は病気や怪我でも、いざとなったら会社が面倒見てくれる。フリーランスは病気で倒れたら一巻の終わりじゃないか」と。

しかし、はたから見ていてもその働き方は過剰で、肉体的にも精神的にも、かなりの負荷がかかっていることが伝わってきました。根が真面目で責任感も強く、能力もあるため、仕事もこなしていけてしまう人でした。

彼が過労で倒れた際、同時に大きな病気が見つかりましたが、彼は言いました。「やはり正規雇用で良かった。数か月間の療養中も給料の3分の2が払われるから」

その認識が正しかったのかどうか、私には分かりかねます。正社員だったから病気をしても会社が面倒を見てくれる。でも、そもそもその会社への過度な貢献が、病気を生み出したのではないでしょうか。

もちろん真実は分かりません。もっと緩やかなペースで生活を送っていても、同じ病気になったのかもしれませんし、そのあたりは神様でないと分かりません。それでもふと思ってしまうのです。彼ほどの能力とコミュニケーション能力があれば、フリーランスでもしっかりやっていけただろうにと。少なくとも疲労が目に見えてきた段階で働き方を変えていれば、彼は今も健康に生活できていたのではないかと。

「いざ」という最悪のケースを想定しすぎて、「いざ」の事態に自らを追い込んでしまう。未来のリスクを心配しすぎるあまり、現在を軽視してしまう。これは多くの日本人が陥ってしまっているマインドではないでしょうか。

独立したフリーランスの人たちから、このような声が届くこともよくあります。

「ほとんど社畜状態で、毎日終電で帰ってきていたのが、今は1日6～8時間で、ゆっくり自分のテンポで働けるようになった」

「仕事、仕事で子どもの学校イベントにもほとんど顔を出せなかったが、今は家族の予定を最優先でスケジューリングできている」

「多少収入は落ちたけど、本当に自分がやりたい仕事をできてストレスが軽減した」

どういう生活、人生を送りたいかは人それぞれです。目先の収入や安定に惑わされず、長い目で見てどういう人生を送りたいのか、どうか改めて考えてみてください。

「焼き畑農業」的なフリーランスにはなるな

「フリーランスなんて、普通の企業で働けない人間が独立しているんだろう」

こんな誤解をしている人がまだ存在することはすでに申し上げました。ただ、現実にはそれを地で行く〝フリーランス〟が実際に存在することも、ここで報告しておきます。「こういう働き方は絶対にNGですよ」という参考までにお読みください。

皆さんは、フリーランスが一番守るべきものは、何だと思いますか。

それは**「信用」**です。すなわち「契約」です。

企業はわざわざ内部の人間ではなく、外から人を呼んで仕事を任せているのです。当然、不安もつきまといます。相手は本当に信用に足る人物なのか、一緒に仕事をしていけるのか。その不安はフリーランスの側も同じです。

そんな不安を抱く両者を結び付けるのは、「信用（契約）」だけです。それなのに、残念ながら、その大切な「信用（契約）」を、いとも軽々と反故にするフリーランスが、少数ですが存在するのです。

軽い気持ちで独立してしまった人、アウトプットは出さないのに権利ばかりを主張する人、契約を結んでいるのに、より良い条件にあっさりと乗り換えてしまう人。

そのような、いわば「立つ鳥跡を濁しまくっている」人たちのことを、私は「焼き畑農業」的フリーランスと呼んでいます。厳しい言い方をしますと、彼ら・彼女らは、その場の一時的な利益のことしか考えておらず、長期的な目線が欠落している存在です。実際の焼き畑農業は様々な側面があるので一概に悪いとは言い切れませんが、この人たちは、自分で自分を追い込んで、どんどん後がなくなっていく存在です。

かつてとある企業に紹介したフリーランスのAさんは、契約の半ばで「家族の介護が始まってしまい……」と契約を解除したい旨を申し入れてきました。事情が事情ですから仕方ありません。「ご家族を優先してください」と、急遽Aさんの仕事を引き継げる別のフリーランスを探し出しました。

ところが、です。しばらくしてから別の企業でAさんが業務委託として働いていることを知ってしまったのです。以前の会社よりも良い条件を提示していた企業でした。非常に残念な気持ちになりました。これはその人だけの問題に留まらず、「フリーランス」全体の信用に及ぶ話です。「フリーランスはこれだからダメなんだよ」と思われる事例が積み重なれば、きちんと働いている人にも、風評被害が及ぶでしょう。

フリーランスとして業務委託契約で働いていたBさんもまた、契約の途中にもかかわらず、ある日突然「辞めます」との一言を残して、行方をくらましてしまいました。メールをしても返信は一切なく、電話にも出てくれません。音信不通のまま、解約通知もできず、仕方なく別の人にお願いをして業務は続行できましたが、なんと後日、再び一方的に「契約期間がまだ残っているので、残りの報酬をください」と連絡が来たのです。

契約した仕事を途中で放り出しておいて、働いていない期間の分の報酬までよこせなんてとんでもない話ですが、なんと弁護士を立ててまで請求してきたのです。

「A社がダメならB社がある、B社がダメならC社でいいじゃん」。そんな「焼き畑農業」的フリーランスは、いずれ頭打ちになります。信用がモノをいう世界で、いずれ「要注意人物」と口コミなどでマークされるでしょうし、その人を扱うエージェントも限られていくでしょう。フリーランス市場を焼き尽くした先に、彼らはどうやって食べていくつもりなのでしょうか。

フリーランスはアルバイトとは違う……と言うと、アルバイトの方に怒られてしまいますね。でも、特に対企業の「B to B」の仕事は、「信用（契約）」の積み重ねがすべてです。ちゃんと約束を守ること、成果を出すこと、仁義を通すことは、フリーランス云々ではなく、成人した大人として当然守るべきことですよね。

経験の切り売りから抜け出す方法

フリーランスに付きまとうデメリットの1つに、「どうしても経験の切り売りになってしまう」ことも挙げられます。

新卒社員を採用するような企業は、「この人を育てよう」と意欲に満ち溢れています。でも、いい年をしたフリーランス人材を採用するとき、「この人を育てよう」とは誰も思いません。フリーランス人材はスキルや能力を持っていて当然。独立して高報酬をもらい続けようと思えば、それは「スキル・経験の切り売り」にならざるをえないのです。これまで経験してきた仕事、培ってきた知識で勝負するしかない。

ただ、問題はその**「スキル・経験」の賞味期限が、いつまで持つか**ということです。

今ある仕事の多くが、将来AIやロボットに奪われる時代です。残る「人間に任される仕事」のうち、どの部分を自分はできるのか。企業がわざわざ高単価を支払ってでも、自分に「働いてもらいたい」を思ってもらえる分野とスキルは何か。

ただ、こうした自己分析も大切ですが、**「時には無茶ぶりに乗ってみる」**のも大いにお勧めします。フリーランスをしていると、「これもお願いできませんか？」「ひょっとしたら、これもできるのでは？」「頼みますよ、ちょっと頑張ってみてください」と、押しの強い誘いや、ちょっと強引な依頼にも遭遇します。そういうときは、「いや、できません」と断るのではなく、あえて乗ってみるのはいかがでしょうか。

もちろん、むやみやたらに未経験の仕事に首を突っこめばいいというわけではありません。社外での仕事の場合、「信用」が大切であるということは、すでに十分強調してきました。「信用」を裏切れば、そのツケは必ずわが身に降りかかってきます。

それでも、信頼できる人から、「あなたならできる」と頼まれるということは、頼んでくる相手も、「この人ならできる」と信じてくれているということです。「馬には乗ってみよ、人には添うてみよ」という言葉もあります。何事も、経験してみなければ、良いも悪いも分かりません。フリーランスは挑戦の機会が少ない分、訪れた挑戦の機会は、どうかその手でつかんでほしいのです。

時には「無茶ぶり」を受け入れる勇気を

私がそう考えるのは、自分自身がかつてそのような「無茶ぶり」で、成長させてもらった経験があるからです。

フリーランスとして走り始めた初期の頃のことです。経営企画系の経験はあるものの、金融系の知識などほとんどないときに、とある大手カード会社の経営企画部門に放り込まれたことがありました。

専門知識を持つ知人のフリーランスが多忙すぎたことによる「代打の仕事」でしたが、まさか企業に対し「お手柔らかに」とは言えません。必死で勉強して、寝る間を削って集中して、1～2か月で一通り学びました。思い返すだけで過酷で、胃がキリキリ痛むような経験でしたが、それ以来「決済系の仕事もできます」と、胸を張って言えるようになりました。自分の仕事の領域がグンと広がったのです。

駆け出し当初に、かなり「無茶ぶりの仕事」も請け負ってきたことは、その後の私の仕事の幅を一気に広げてくれました。できる領域が限られていれば、友人・知人のフリーランス人材に再委託して、その責任を持つこともできません。「いざとなれば、自分ができる」という守備範囲の広さが、みらいワークスのビジネスモデルの土台となったのです。

今や座学で何でも学べる時代ではありますが、やはりリスキリングで一番効率のいい学び方は、実践です。学びながら、走る。成長スピードでこれに勝るものはありません。

そんな過去がある私だからこそ、能力はあるのに、企業名やクライアント名、領域を聞いただけで「やったことないので無理です！」と固辞してしまう人を、もったいないなと感じてしまいます。本当は1回無理して飛び込んでしまえば、いやでも学べて、自分の領域が広がるのに……と思ってしまう。社内で様々なステークホルダーを納得させながら、物事を進める力を養うためにも、自信のないことを「無理です、できません」とスパンと切るのではなく、**「何とかやってみます、私にやらせてください」と言い切る覚悟**も、鍛えていくべきだと感じています。

ポータブルスキルが新しい専門性をつくる

実は私のようなケースは、少なくありません。かつて私が担当していたフリーランスの川岸さん（仮名）の領域は、プロジェクトマネジメントでした。能力は確かでコミュニケーション力も高い。紹介する企業からは常に高評価をいただいていました。ところがそんな彼には弱点もありました。それは、英語力。「英語ができない」ことが彼の最大のコンプレックスで、ゆえに紹介する企業はすべて日本企業に限定されてしまっていました。

しかし、そんなある日、外資系企業からプロジェクトマネジャー人材の紹介要請があったのです。その企業が望むスキルに彼は完全にフィットしています。そう、英語力さえ除けば……（その企業で働くためには、最低限の英語能力はマストでした）。

私は思い切って彼をその企業に紹介しました。もちろん、本人は「無理です！」と固辞しましたが、それを「いや、できるから、絶対！」と無理やり押し込んだのです。

彼ならできると考えた理由もちゃんとありました。これは私の持論ですが、母国語でのコミュ力の高さは、他言語でも通用するのです。逆にどんなに語学力があろうと、他者と関わろうという意欲に乏しければ、円滑な業務遂行は望めません。

川岸さんにはたぐいまれなコミュニケーションスキルがありました。たしかに現時点での英語力は流暢とは言えませんが、素地さえあれば、あとは仕事をしながら鍛えられるはずです。何も英語で文学作品を読んで議論しろというのではないのです。その領域での専門用語を身に付ければいいわけですし、特に技術系やコンサル系の英単語は、その多くがカタカナ語として日本でも流通しています。彼ほど勉強意欲が高い人であれば、多少の困難は最初感じても、いずれ慣れるだろうと確信したうえでの紹介でした。

もちろん相手の企業にもきちんと事情は話し、「最初こそキャッチアップに多少時間はかかるだろうけれど、能力は確かです」と太鼓判を押すことで、お試し期間がスタートしました。

結果はこちらの予想通り。彼はまもなく業務委託先に馴染み、依頼主からも「彼で良かった！」と好評でした。仕事における確かな知識と相手の懐に入り込めるコミュ力が、英語上達にもつながったケースです。

その後、彼はどうなったか。もともと持っていたスキルに加え、「英語」という新たなカードが加わったのです。当然、フリーランスとしての仕事の幅も広がりましたし、紹介できる企業数も各段に増えました。もちろん、仕事の単価もアップします。最初こそ「無茶ぶり」で「高負荷な仕事」だったかもしれませんが、確実にスキルアップにつながった好例と言えるでしょう。

最大のタブーは「無意識の上から目線」

この川岸さんの成功要因は、豊かなコミュニケーション能力でした。フリーランス人材などと言うと、専門知識やスキルばかりが脚光を浴びますが、案外、人間対人間のシンプルなコミュニケーション能力が、一番の決め手になったりするのです。

というのも実は、「地方×都会」「大企業×中小企業」のマッチングの際、うまくいかない最大のケースが、まさに両者のコミュニケーション不全にあるからです。

東京では普通の感覚も、地域によっては異なることはたくさんあります。大企業では当然の常識も、小規模企業ではまかり通らないこともあります。そのときにいかにして、相手の目線に立ち、相手の事情にコミットし、その土地の空気感までもしっかりと理解できるか。これがスキル以上に大切な要素なのです。

中でも一番やってはいけないこと、それは「東京では〜です」「〇〇（誰もが知る大企業名）では、これは常識です」と、上から目線で語ってしまうことです。いわゆる、「出羽守《でわのかみ》」になってしまうパターンです。これをやり始めてしまうと、もう立ち行かなくなります。副業も、転職も、業務委託も、まず無理ですね。

依頼する側にしてみても、高度スキルは必要としていても、妙なお説教やマウンティングは求めていないのです。「そりゃ、大企業ではそうだろうよ」と白けてしまうのが関の山です。

独立や副業に大切なのは、**「過去の栄光を捨てる勇気を持つ」**ことでもあります。ことにそれが華々しいキャリアだったり、成功事例であったりすればするほど、潔く捨てる勇気が必要になります。しかし、それができない人が実に多い。

20代、30代の若手ならば、まだ誇るべきポジションや実績もありませんが、問題は40代、50代、60代の人々です。それなりに語るべき実績や経験がある。その経験や知見を地方や中小企業も欲しいわけですが、それを彩るパッケージそのものは不要なのです。大企業勤めの人はもともと地頭がよく、頭の回転も速い。しかも言語能力も長けているとなれば、雇いたい企業は多いですが、「出羽守」になってしまったら、正直「もう結構です」になってしまいます。

自分が培った常識、メンタリティ、考え方、価値観を、いかにして葬り去れるか。**大企業勤めの価値観をリセット**できるか。新たな土俵で一から学ばせてもらうという謙虚な意識を持てるか。こうしたマインドが欠かせません。

「仕事を選ぶ嗅覚」を磨く必要性

今度は、「実はフリーランスとして働いてみたら、厄介な仕事だった！」という事例も紹介しましょう。フリーランスとして働くことのメリットの1つは、「いやな仕事は断れる」ことだと述べました。勤めていた時は、いやな仕事でも上司に言われたら断れないけれど、フリーになったら、「これはやらない」と決めることができる。

ただし、始まる前には「いやな仕事」だと見破れないこともあります。そういうときのためにも、フリーランスは、**仕事を選ぶ嗅覚を鍛えていく必要があります。**

「外部からは見えなかったけれど、実際にやってみたら厄介な案件だった」ケースには、「最初からスケープゴートにする目的で外部人材を使う」場合が隠れています。

企業に勤めていると、社内事情の複雑なアレコレ、ありますよね。社内政治や複雑で込み入った事例。誰かが請け負わなくてはならないけれど、社内では誰もやりたがらない。あるいは社内人材が携わると角が立つので、外の人にやってもらおうというような、いわゆる大人の事情案件です。


実は、これは私の体験談です。とある企業は当時、同業他社3社が合併した直後でした。部長、部長代理、部長補佐の3ポジションを、元の3社出身者が持ち回りで任務にあたり、毎週の会議でも常にその3人にお伺いを立て、最大公約数的合意を元に話を進めていかなくてはなりません。運悪くそのうちの1人への事前根回しに失敗すると、目も当てられません。会議は険悪な空気に満ち溢れ、天からの怒号が降ってくる始末。○○派、△△派、××派に分かれる社内メンバーの調整役をひたすらやり続ける毎日に、私は気づけばだいぶメンタルが追い詰められていました。

それなりに対価はもらえているけれど、自分のスキルアップには1ミリもなっていない。そもそもこれは誰のための仕事で、何の価値を生み出しているのだろう……。仕事に意義を見出せず、ついに仕事開始4か月目で辞めさせてもらいました。

おそらく今ならば、もっと上手に継続できていたはずです。そもそも始める前に、「ああ、こういうタイプの案件か」と気づくこともできたでしょう。その会社の沿革、置かれている状況、ステークホルダーの面々、M&Aでどことどこの会社が一緒になったのか、そして直属の上司となる人がプロパー（生えぬきの人材）なのか〝外様〟なのか……、それによって立ち回り方がまったく変わってくることを、当時若くて経験値も低かった私は気づけなかったのです。

もちろん最初から、それを分かったうえで引き受けるのならばいいのです。「今回の仕事は（お金のための）ライスワーク」と割り切って、淡々と業務をこなせばいいのですから。ただ、それに気づかないまま仕事がスタートしてしまうと、厄介な事態に陥ります。当時、虚無感を味わいつくした私のように……。

付け加えますが、その企業が悪かったわけではありません。どこの会社でも、多かれ少なかれ、似たような事情は発生します。だからこそ相場よりも高い報酬を提示して、外から人に来てもらっているのです。要するにフリーランスとして働く場合は、このような案件も混ざってくることを承知のうえで、そのあたりの**嗅覚を磨く、事情を察する能力を鍛えていく必要がある**ということです。

自分で営業するか、仲介エージェントを活用するか

フリーランスとして働く場合、「自分自身で仕事を取ってくる」か、みらいワークスのような「仲介エージェントに登録するか」という2つの方法があります。

ざっくりですが、それぞれのメリット・デメリットを挙げておきます。

自分自身で仕事を取ってくる

【メリット】

① 裁量が大きい

働き方の自由度は、より増します。自分で販路を開拓して人脈を広げ、仕事の可能性を広げていくのですから、やりがいも大きくなります。顔の広いハブ的人物が友人・知人にいれば、その人に声をかけておくのもいいでしょう。これまでの仕事で出会った人、一緒に仕事をしてきた人、自分より先にフリーランスになった先輩などに話を

聞き、イメージを広げるのもお勧めです。

② マージンを取られない

仲介業者にマージンを取られることがなく、仕事の対価はすべて自分のものとなります。

【デメリット】

① 営業に時間を取られる

一番大きい落とし穴が、「営業に時間を取られる」「安定した仕事量が見込めない」です。特に高収入フリーランスの場合、仕事の営業や調整に時間を取られるよりも、同じ時間を仕事に専念するほうが、はるかに収入に直結します。

しかも、営業を頑張ったからといって、その分多く仕事をもらえるとも限りません。

かつて私がフリーランスとして独立する際も、それまで仕事を一緒にしたことのある取引先や友人・知人から、「独立したら、絶対仕事を発注するからな」と心強い声をもらっていたものですが……、前述の通り、実際に仕事を発注してくれた人は、１人もいませんでした。残念ながら、これが現実です。もしかしたらそのときは本当に発注してくれるつもりだったのかもしれません。でも、不景気で他人に仕事をつくるどころではなくなった。

いずれにせよ個人営業は時の運もあり、努力のわりに結果が結びつきにくいものということも理解しておく必要があります。

②「自分の営業」は、難易度が高い

自ら営業をすることのデメリットには、下手をすれば、大切な人間関係も失いかねないというのもあります。「あいつは会えば『仕事をくれ』しか言わないな」となれば、次第に知人からの誘いの数も減るでしょうし、個人的に請け負った仕事でトラブルが発生すれば、それまでの関係が崩れてしまうことだってあるでしょう。

特に、自分で自分の営業をするのは、どんなに面の皮が厚い人であっても、多少しり込みしてしまうものです。もし、「自分は積極的に営業できる！」と思っていたとしても、相手の立場になってみたらどうでしょう？「自分はスゴいんです！」とアピールされると、「本当に？」と疑いの目を持つ人も多いはずです。ある程度の実績がつくまでは、説得力も弱いというのはあるかもしれません。

③ 似たような仕事しか舞い込まない

「似たような仕事しか舞い込まない」問題も、地味ながらフリーランスの頭を悩ませる問題です。個人で営業をかける場合、声をかけるのは、これまで自分が築いてきたネットワークであることが圧倒的に多くなります。そうなると、どうしても領域が限られてきてしまう。「新しいステージに挑戦したい」と独立したはずなのに、気づけば「3年前から似たような仕事しかしていない」とふと気づくフリーランスは多いはずです。もちろん専門領域が深まっていくのは喜ばしいことですが、その立場に安穏としすぎると、時代の波に取り残されかねません。

④ 仕事の量が不安定

突然、暇な時間ができてしまって不安に駆られたり、また、仕事が入ったら入ったで、今度は一人で請け負いきれないという嬉しい（しかし、切実な）悲鳴が発生する事態になったり……。フリーランスの場合、営業時期と受注時期は必ずしも一致しません。半年前に声をかけていた人から急に仕事が舞い込むこともあり、そういう事態が複数重なれば、簡単にキャパオーバーに突入です。さりとて、せっかく取れた大切な取引先に対して、「今、忙しいから無理です」とは断れません。

私の場合は友人フリーランスに仕事を再発注することで、みらいワークスの前身に発展したという嬉しい誤算もありましたが……、再びあの日々に戻りたいかと聞かれると、ちょっと綱渡りすぎて怖いですね。

⑤ トラブルが生じた際も、自分で解決しなくてはならない

これまで何度も述べている通り、フリーランスは何かあったらすべての責任が自分にダイレクトに降りかかってきます。だからこそ、契約書もしっかり交わし、細かい文言も確認すること、口約束で「信用」を交わさないことなど、基本的な仕事のルールも、自らコントロールすることが大切になってきます。

エージェントを活用して、スキルを適正に売り込もう

次に、「仲介エージェントに登録する」メリット・デメリットを見ていきましょう。基本的には、「自分で仕事を取ってくる」ケースの、メリットとデメリットが逆転していると思ってください。

仲介エージェントに登録する

【メリット】

① 新しいチャレンジを提案してくれる

たまにはちょっと毛色の違う仕事や、新しいジャンルへのチャレンジを提案してくれるのが、エージェントを活用する利点の1つです。

自分のことは、案外自分では分からないもの。「私ってどういう人間かな」と友人・知人に尋ねてみると、意外な答えが返ってくることは、皆さんもご経験があるはずです。仕事においても、自分以外の第三者のほうが、その人の真の実力やポテンシャルを見抜いてくれるようなことは多々あるのです。

② 営業の時間を取られない

これは意外に大きなメリットです。営業や案件回収を外注することによって、自ら営業をかける労力が大幅に削減されます。その分の時間を、自分のスキルアップやアウトプットの質を上げるために有効活用できれば、結果的に収入アップにつながります。基本的に「自分の持てる時間はすべて、付加価値を生むために費やす」ことができるのが最大の利点です。

③　第三者による「スキルのお墨付き」を得られる

客観的な第三者による品質保証の効果は絶大です。「自分はこれができます！」と手を挙げても、初対面の相手が信用してくれるとも限りません。すでに実績を多く持ち、大手企業やスタートアップ、多彩な組織との信用を築いているエージェントの後押しがあるのは、企業にとっても非常に安心感が増すポイントになるのです。

④　1人でのトラブル対応にならない

案件の引き合いにエージェントが入っているため、トラブルの際も間に入ってくれます。1人ですべてを抱え込まずにすむので、安心感は増します。とはいえ、そもそもその仲介業者が信頼のおける会社なのかは、事前のチェックや口コミなども参考にして見極める必要もあります。

【デメリット】

① 自由度が下がる

自分で営業活動までワンストップで行わないため、ある程度、裁量が下がることは否めません。

② マージンを取られる

当然ですが、営業や交渉の対価としてのマージンは取られます。それを「単価が下がった」と考えるのか、営業やその他もろもろの雑事をアウトソーシングできたと受け取るのか、考え方次第とも言えるでしょう。

個人で仕事を請け負うか、仲介業者に頼むかについては賛否両論あり、「正解」はありません。ただ、スポーツの世界でも芸術の世界でも、プロプレイヤーになればなるほど、必ずエージェントを立てますよね。ビジネスも一緒で、「この人は何が得意で、どういう方面に興味があり、どんな領域を深めていきたいのか」ということを熟知したプロエージェントを、一度活用してみることは、得がたい体験となるのではないのでしょうか。

突き抜けたら「フリーランス」と呼ばれなくなる

これまで自由な働き方について語ってきましたが、その過程で気づいたことがあります。それは、フリーランスは突出すれば「フリーランス」とは呼ばれなくなるという現象です。

もし今、これを読むあなたが会社勤めをされており、「○○会社の△△さん」と呼ばれているとしたら、その「○○会社」という看板を下ろし、「△△さんに仕事を任せたい」と指名で仕事を依頼されるのが次の目指すべきステップです。そして、さらにその道を歩んだ先にあるのは、ただの「△△さん」と呼ばれる状態です。もはやフリーランスだろうが、業務委託だろうが、正規雇用者であろうが関係ない。あなたはあなた自身の看板で、仕事を請け負い、人生を歩んでいけるのです。

極端な事例かもしれませんが、堀江貴文さんのことを、誰も「フリーランス」と呼びませんよね。ただの「堀江さん」、もしくは「ホリエモン」というのが、あの方の肩書、呼称、呼び名、存在すべてを表しています。

同様に、経理・財務・ＩＴエンジニア・コンタルタント・営業企画・ブランディング戦略家など、多種多様なビジネスパーソンたちが、今後は会社の名刺ではなく、自らの名刺で、自らのビジネスライフをデザインしていく時代がやってくるでしょう。

稼げるようになるまでは、「フリーランスの○○さん」。でも、そこを突き抜けていくと、いわばスーパー・フリーランス状態で、**生涯、自分の名前、自分の名刺だけで食べていける**のです。この域に達した人で〝やらされ仕事〟をしている人はまずいません。「ライフワーク」を得て、毎日がワクワク・ハラハラ・ヒリヒリした「生きる喜び」に満ちている。自分だけの人生を、誰のせいにするでもなく、自分の足で生きているのです。

さあ、皆さんに改めて問いかけます。

あなたは今、ワクワクして毎朝起きていますか。仕事でヒリヒリするようなパッションを感じていますか。１年後、今の職場で、今の仕事をしていたいですか。

返事が「ＹＥＳ！」なら、どうぞ今の環境でさらに成長していってください。

でも、もし「ＮＯ」ならば……、最初の一歩を踏み出すべき時が来ているのかもしれませんよ。

自らのライフスタイルをデザインし、やりがいや生きがいを感じられる「ライフワーク」を手に入れる。会社員でも自営業でも、転職でも副業でも、柔軟に働き方を選べる、「スーパー・フリーランス」状態が、その先であなたを待っています。

人生100年時代を、自分らしく謳歌していくための第一歩を、どうぞ踏み出していってください。

［個別インタビュー④］フリーランスの本音

大手企業を退職後、故郷でUターン起業
「アドレナリン全開」の働き方

深見さん（30代・男性）

大学進学から東京で過ごしてきた深見さんは、大学卒業後、超大手コンサル会社に就職、その後、広告代理店に転職した。しかし心ではいつも「もっと手ごたえのある仕事」を求めてきたという。30歳を手前に「Uターン起業」を決意した結果とは。

［経歴］

大学卒業後　超大手コンサル会社に就職（4年間）
20代後半　大手広告代理店に転職（2年弱）
30歳直前　退職。地元岡山に戻り起業（現在創業3年目）

Q1　大手企業2社に勤めながら、ご自分の地元で起業されました。どんな思いが背景にあったのでしょうか。

深見　動機は非常にシンプルです。自分が一生懸命に働いて価値提供した結果のフィードバックを、もっとダイレクトに感じられる仕事に就きたかったのです。

1社目ではコンサルティング会社の上流から下流まで、あらゆる仕事を経験させてもらいました。しかし、ＢｔｏＢ事業なので当たり前ですが、僕がした仕事の価値を感じてくれるのはクライアントだけでした。次第に「もっと自分の仕事を世に知ってもらいたい」気持ちが強くなり、転職を決意しました。

2社目は大手広告代理店に転職しましたが、そこでも思い描いていたのとは少し違う世界が待っていました。望んでいたのはテレビＣＭ制作でしたが、担当になったのはウェブ動画制作。それぞれ仕事としては多くを学べましたが、どこか物足りなさも感じてしまっていたんです。

Q2　とはいえ「起業」とは大きな決断です。不安はありませんでしたか。

深見　現在一緒に会社を興している仲間の1人に言われたんです。「30歳手前の今、何か大きなアクションを起こさないと、もうこのまま一生サラリーマンのままだぞ」と。その言葉に後押しされ、起業を決意しました。不安感はゼロではありませんでしたが、「何とかなるだろう」という思いのほうが強かったです。最悪の場合、また元の職場に雇ってもらおうと楽観的に思っていた部分もあります。というのも、かつての上司にそういう方がいたのです。会社を辞め起業したものの倒産、その後、元の会社でその方は働いていましたが、外の世界を見たことで、肝の据わった強さのようなものを身に付けられていました。

Q3　**自ら起業した後、再び企業で雇用される場合も、メリットはあると思いますか。**

深見　大いにあると思います。やはり組織で使われているだけの身と、実際に自ら起業をしてリスクを取ったことのある人では、全体を俯瞰する目や覚悟、数字に対する意識も段違いです。起業して成功するのが一番の理想ですが、仮に失敗したとしても得るところは大きいですし、確実にその後のスキルアップにつながると思いますね。

Q4　「企業を退職して、地元で起業」という決断に対して、周囲からはどんな意見が寄せられましたか。

深見　一番、反対されたのは、実は地元に住む父母でした。喜んでくれるかと思ったら、「大企業の安定を手放すことはリスクである」というような〝手紙〟をもらいました。結局、その反対を押し切って地元の岡山に帰ってしまいましたが……（笑）。

Q5　現在はどのような事業展開をされていますか。

深見　1つ目は、地元である岡山の中小企業に対して、事業サポートのためのコンサル事業を展開しています。地元からはスタッフがオフラインで参加し、全国に散らばるプロ人材ともオンラインでつながり、チーム体制で企業の課題をサポートしていきます。業務改善やシステム開発、ブランディングや経営コンサル、事業継承といった知見を持つメンバーの中から、必要に応じてチーム編成を行っています。

2つ目は、完全個室のパーソナルジムの運営です。フリーでも使えるし、必要ならプロのトレーナーもコーディネートできる。現在複数店舗を展開していますが、さらなる事業拡大を目指しています。
ただ、こうした事業だけではまだ安定しておらず、キャッシュフローの波に応じて、その時々の「副業」も行っています。

Q6　収入面で、大きな変化はありましたか。

深見　サラリーマンだった時代は、およそ年収1000万円でしたが、現在は2人事業で年商5200万円ほどです。ただ業務委託メンバー（トレーナー）が20人弱いるので、彼らに給料も払わなくてはなりません。厳密に言うと〝給料〟は減っているのですが、感覚的には3倍くらいの年収感覚で生活はできています。

Q7　起業されて、一番の喜びは何ですか。

深見　「何か世の中に対して、自分の功績を残したい」と思いながら生きてきました。それが今実現できていることが一番嬉しいです。正直なところ、働いている時間は今のほうが長いです。でも精神的ストレスは軽くなっています。もちろん事業主としてのプレッシャーは半端ないですし、胃がキリキリする場面もしょっちゅうです。でも、すべては自分が思い描き、計算した通りの道を歩んでいるので、達成感ややりがいも大きいです。自分の努力が売上にダイレクトに響き、メンバーも増え、認知度も上がっていくことに対して、半端ないアドレナリンが出ています。

Q8　独立されて、今感じている問題点や課題はありますか。

深見　その時々のポイントで、「ちょっとキャッシュがまずいかも」というタイミングもあり、そういう場合は、やりたくない仕事もやらなくてはならない部分です。そういう仕事が多くなると、一番やりたい本業のパフォーマンスに全力で向き合えないというジレンマも生じます。

フリーランスはかなり意識して仕事に向き合わないと、気づくと「お金のための仕事」で2、3年が消えていた……ということにもなりかねません。せっかく独立したのに、「その間、自分に何か身に付いただろうか？」という自問は悲しいものがあるので、そのあたりのバランスは難しいですよね。「本業」「キャッシュを得るための仕事」「学びになる仕事」の3本柱を意識するようにしています。

Q9　今、都内からもオンラインで「副業」をできるようになりました。地方が活性化するきっかけになるでしょうか。

深見　打開策の1つにはなると思いますが、それだけで問題がすべて解決するとは思いません。やはり「副業」人材を募集するにしても、より良い単価を提示できるのは都市部の企業です。コンサル代に掛けられる金額も地方と都心部では1桁違ってくる。またオンラインは便利ですが、リアルに比べるとコミットメント力は弱くなります。結局リアルで会わないと、企業の細かい要望やニーズはすくい取れませんし、課題の本質を見誤ることもあります。ここは本当に悩ましい問題ですね。

ただ、良くも悪くも競合他社がまだ少ない分野でもあるので、優秀な人材と協働できるメリットや面白さを、多くの企業や副業人材が知ってくれればと思っています。

Q10　ご自身が50代、60代になった頃に、「こんな働き方をしていたい」という希望はありますか。

深見　シニアとしての働き方についてのイメージは、正直まだ持っていないんです。ただ、現状の話をしますと、現代において、「シニア層の知見」が求められる場面は少ないと考えています。よほどの知識や専門スキルを持っていれば別ですが、大抵の仕事の経験は、数十年も経つと時代遅れになってしまう。

もし、シニア層に求めるスキルがあるとすれば、むしろ人と人とのコネクション力でしょうか。コンサル的な視点から見ても、顧客を広げるときに一番効果があるのは、実は「広告」ではなく「リファラル（紹介・推薦）」なんです。誰が誰を知っていて、誰を紹介できるといった人脈の広さ、人との縁における知見、コミュニケーション力、そういうスキルを持つシニア層なら、比較的若い人たちの事業においても喜ばれるし、ベンチャー企業にとっても嬉しいのではないでしょうか。

Q11　これから独立したい人たちに向けて、アドバイスをお願いします。

深見　何か圧倒的に「これがしたい！」というのがないのであれば、企業に属していたほうがいいと思います。会社内でも、自らアクションを起こして挑戦することは可能ですし、やはり毎月決まった給料がもらえる安心感は半端ないですよ。

だけど僕のようにそれが見つからない人は、起業もいいものです。自分の努力の結果がダイレクトに目の前に広がるんですよ。組織をつくり、サービスを決めて、拡大も縮小も方向性も思いのまま。めちゃくちゃ「生きている！」実感はあります。

僕はもう企業に戻るつもりはありません。このまま事業拡大をして、地方と東京を結びながらやっていこうと思っています。

おわりに

私はこれまで多くの「起業家」たちに取材をしてきました。自らの人生を、自分で切り拓いていく人々の共通項は何か。それは「人生のどこかでマイノリティとしての経験をしている」ということでした。「子どもの頃にいじめを経験した」「非常に貧乏だった」「留学や転校で、コミュニティから疎外されていた」「進学や就職で失敗した」「苦学生として生きてきた」……。タイプは様々ですが、「苦労知らずで順風満帆、やることなすことすべて成功！」という人が起業家として成功している例を、私はほとんど知りません。

欠如・不安・悔しさ・憤り・切望……。こうした**〝引け目〟こそが、実は人生を豊饒なものにしてくれる強烈なエネルギー**となります。「チクショー」「負けないぞ」という思いが、「世の中を変えたい」「成果を出したい」という願いにつながるのです。

これまでの日本社会は、人々を〝勝ち組〟〝負け組〟に分けてきました。「大企業に就職できれば、人生すごろくのいっちょ上がり、老後も死ぬまで安泰」というあまりにシンプルな人生ゲームがまかり通ってきたのです。

ただしこれからは違います。同じような大学を出て、同じような会社に就職し、似た者同士が大勢集まって運営する企業では、もはやグローバルスタンダードなイノベーションは起こせません。同族意識の中でぬくぬく過ごしていく人は、どこかのタイミングで人生に〝負ける〟のです。

もちろん、誰もが起業家になる必要はありませんし、無理して独立・転職する必要もありません。大切なのは、「自分はいつでも、生き方を変えられる」と自信を持ちながら、生きていくことではないでしょうか。

「人生100年時代」と言われていますが、100年も続く人生、惰性だけでは人は生きてはいけません。仕事にしろ、家族にしろ、生活にしろ、「自分はこれを選び取った」という明確な意思の力がなければ、いずれ迷宮入りして、「どうしてこんな人生になってしまったのだろう」と頭を抱えることになるかもしれません。

「会社のため」「家族のため」がむしゃらに働き、老後は「会社」や「国」「家族」が面倒を見てくれる……、そんな「安泰な一生」を描く設計図はこれからの時代、通用しません。万人に通用するレールはすでに存在せず、自分なりの道程を自ら描いていかなくてはならないのです。

それはちょっと怖いことのような気もしますが、しかし同時にワクワクすることだとも思いませんか。子どもの頃、探検家気取りで自然の中を探索してきたわんぱく時代を、私は今、思い返しています。私たちは再び、今度は大人の人生の探検家として、自らの人生を開拓し始める時代に立っているのです。

「人生100年時代」、働き方はたった1つではありません。

理想の人生も、たった1つではありません。

どうか本書を通じて、あなただけのオリジナルの「働き方」「生き方」をデザインしていっていただければ、私としては望外の喜びです。

岡本　祥治

岡本 祥治（おかもと ながはる）

1976年生まれ。神奈川県出身。株式会社みらいワークス代表取締役社長。慶應義塾大学理工学部を卒業後、アンダーセン・コンサルティング（現アクセンチュア）株式会社に入社。金融、通信業界などのプロジェクトに参画した後、ベンチャー企業の経営企画部門へ転職。海外・日本47都道府県などの旅を通じて「日本を元気にしたい」という想いを強め、2007年に起業、2012年に株式会社みらいワークスを設立。働き方改革やフリーランス需要の拡大とともに急成長し、2017年に東証マザーズへの上場を果たす。現在は、独立プロフェッショナルのためのビジネスマッチングサービス『フリーコンサルタント.jp』、転職支援サービス『プロフェッショナルキャリア』、都市部人材と地方企業をマッチングする副業プラットフォーム『Skill Shift』、地方創生に関する転職マッチング・プラットフォーム『Glocal Mission Jobs』などを運営するほか、45歳以降のセカンドキャリア構築を支援する『HRソリューション』、企業・自治体のオープンイノベーションを支援する『イノベーション・サポート』といったソリューションを展開するなど、事業を通じて「『人生100年時代』を生き抜く為の社会インフラ創造」「東京一極集中の是正」「人材流動性の向上」といった社会課題の解決に取り組む。

LIFE WORK DESIGN

人生100年時代を味方につける　自分だけの仕事の見つけ方

2023年4月6日　第1刷発行

著　者　岡本祥治
発行者　鈴木勝彦
発行所　株式会社プレジデント社
〒102-8641　東京都千代田区平河町 2-16-1
平河町森タワー 13階
https://www.president.co.jp/　https://presidentstore.jp/
電話：編集 (03)3237-3732　販売 (03)3237-3731

装丁・図版　竹内雄二
構　成　三浦愛美
企画協力　小倉宏弥
校　正　岩佐陸生
本文DTP　株式会社明友社
編　集　桂木栄一　榛村光哲
制　作　関 結香
販　売　桂木栄一　高橋 徹　川井田美景　森田 巌　末吉秀樹　榛村光哲
印刷・製本　凸版印刷株式会社

ISBN 978-4-8334-2495-0　Printed in Japan